LE CLUB GOLF

Maquette : BLOT

3, rue du Regard, 75006 Paris
Tél. (1) 45 49 12 50
ISBN : 2-86665-093-X

Elisabeth Launay

LE CLUB GOLF

Vie et mœurs de l'homme des greens

Dessins de Jean Kerleroux

Hermé

Remerciements à
Philipe Mendelssohn,
Elisabeth Pommereau,
Jean-Hubert Bernardet et à
Patricia Daudet de la Fédération française de golf.

Merci aussi à
Martine Chauvet,
photographe.

UNE RACE EN VOIE D'APPARITION

COMMENT LE GOLFEUR EST APPARU SUR LA PLANÈTE TERRE

L'univers s'est formé il y a douze milliards d'années, la Terre sept milliards d'années, l'*Homo erectus* y est apparu il y a deux millions d'années et le Golfeur il n'y a guère que cinq cents ans.

Depuis ses toutes premières manifestations, cette espèce récente, forme extrêmement développée de l'*Homo sapiens*, ne laisse pas d'intriguer, voire d'inquiéter, par sa prolifération rapide et sa domination, certes pacifique mais absolue, sur l'ensemble de notre planète.

Des hauts plateaux de l'Écosse où est né le Golfeur tel que nous le connaissons aujourd'hui, ce bipède s'est propagé à la Terre entière et jusque dans les espaces intersidéraux : un Golfeur, en effet, n'a-t-il pas pris place à bord du vaisseau américain Apollo 14, lors d'une importante mission sur la Lune ? Cet individu, nommé Alan B. Sheppard, ne fut démasqué que le 6 février 1971, alors qu'il s'apprêtait à quitter le sol lunaire. Là, sous les yeux horrifiés de son compagnon Edgar D. Mitchell, il ne put s'empêcher de frapper une balle de golf avec un fer 6 qu'il avait subrepticement emportés, et qui sont soigneusement conservés depuis à l'Air and Space Museum de Washington. Ainsi Sheppard, contrairement aux apparences, n'était ni un homme sérieux ayant voué sa vie à la conquête de l'espace ni un astronaute digne de confiance mais... un Golfeur !

Il faut se rendre à l'évidence. En cinq siècles, les Golfeurs ont envahi le monde, et une chose est sûre : si l'on ne naît pas encore Golfeur, on le devient un peu chaque jour et jusqu'à son dernier souffle.

Le premier *Homo golficus*, aux dires de certains, apparut dans l'Empire romain en se différenciant déjà fortement de ses congénères par l'habitude qu'il avait de frapper une petite balle de cuir remplie de plumes avec un bâton de forme courbe. Cet ancêtre de notre Golfeur contempo-

QUELQUES REPÈRES

1744 : L'Honourable Company of Edinburgh Golfers, le premier club répertorié, couche par écrit les dix premières règles du golf.
1754 : Le Royal and Ancient Golf Club de Saint Andrews voit le jour et reprend les règles précédemment édictées pour les porter au nombre de treize (elles survivront jusqu'à nos jours).
Les premiers clubs de golf étaient aussi et avant tout des loges maçonniques.
Les premiers parcours n'avaient pas un nombre défini de trous. A Saint Andrews, on se limita à un parcours de neuf trous que l'on faisait dans les deux sens. C'est ainsi que, peu à peu, on

rain était bien éloigné sans doute de la créature distinguée que nous connaissons aujourd'hui puisqu'on donna à son occupation favorite le nom de *paganica*, dérivé du mot *paganus* qui signifie paysan. Il est possible que les légionnaires romains aient emmené dans leurs rangs quelques-uns de ces *pagani* qui ne manquèrent pas de faire de nouveaux convertis dans le monde.

Toujours est-il qu'en Angleterre, au XIIIe siècle, on frappait volontiers une petite balle de bois avec un bâton de forme courbe, activité que l'on nommait cambuc. Les adeptes du cambuc furent bientôt si nombreux que le royaume se trouva dans l'obligation de l'interdire afin que l'on se consacrât davantage à l'exercice militaire.

construisit des parcours de dix-huit trous.

Depuis 1760, l'uniforme des membres du club de Saint Andrews est une veste rouge avec des boutons jaunes et une casquette rouge en cas de mauvais temps.

Les premières balles étaient soit en bois, soit remplies de plumes.

Aux tout débuts du golf, le club-house n'existait pas : on se réunissait dans les auberges. Celui de Saint Andrews date de 1850.

Le caddie était alors chargé de dégager le chemin pour son maître.

A l'origine, les moutons broutaient librement sur les terrains de golf, empêchant naturellement l'herbe de devenir trop haute. Afin de s'abriter des rafales de vent, ils se réfugiaient souvent dans des creux. Peu à peu l'herbe n'y poussa plus. Les premiers bunkers étaient nés.

1854 : le premier golf du continent est construit à Pau.

La Boulie, ouvert en 1901, est le premier club de la région parisienne.

Le premier golf américain s'appelle aussi Saint Andrews. Il fut créé par un émigré écossais en 1888.

Aux États-Unis, les femmes jouent entre elles, les jours qui leur sont réservés.

Les femmes ne sont toujours pas admises sur certains parcours anglais.

Les hommes prennent le départ aux boules jaunes ou blanches, selon leur handicap. Les départs des femmes sont avancés aux boules bleues ou rouges.

Entre les départs hommes et les départs femmes, il y a un écart de 12 % sur la longueur totale du parcours.

Mais c'est en Hollande, à la fin du XIIIe siècle, qu'on parla pour la première fois de golf, ou plus exactement de « colf », passe-temps qui consistait à envoyer vers un but précis une balle avec une sorte de crosse. Devant le danger que représentait pour les populations cette activité encore fort peu réglementée, on décida purement et simplement de l'interdire. Les comtes de Hollande s'étant heureusement pris de passion pour le golf, il fut finalement permis en dehors des villes.

C'est pourtant en Écosse qu'apparut véritablement notre Golfeur moderne, il y a environ cinq cents ans, dans des circonstances passablement brumeuses. La frontière entre les êtres élégants que nous connaissons aujourd'hui et les rudes montagnards écossais dont ils seraient issus est en effet assez délicate à tracer. Une chose est pourtant probable, puisqu'elle a pris valeur de légende : c'est à force de jouer avec de vulgaires cailloux et un bâton que les rudes montagnards écossais se sont peu à peu transformés en ces êtres dotés d'une grande maîtrise d'eux-mêmes et d'un bon goût infaillible qui sont l'honneur — et quelquefois la risée — de notre civilisation.

Dans l'histoire de l'évolution, l'extinction de certaines espèces est le corollaire du développement d'autres espèces, mieux adaptées à leur milieu. Si, de nos jours, on voit en Écosse de moins en moins de rudes montagnards écossais, on y rencontre en revanche un nombre sans cesse croissant d'élégants golfeurs.

Il y a quelques siècles, cependant, la vie était encore précaire pour les adeptes de ce nouveau rite qu'on ne tarda pas à appeler golf. Leur prolifération entraîna bientôt force persécutions devant le péril que représentait cette manie de frapper une

petite balle avec une crosse au point d'en oublier famille, patrie et devoirs religieux. Pour préserver les intérêts de l'armée, Jacques II d'Écosse ordonna que l'on renonçât au golf, suivi en 1471 et 1491 par Jacques III et Jacques IV. Mais la survie du Golfeur fut définitivement assurée dès lors que les détenteurs du pouvoir furent à leur tour convertis. Il est maintenant bien établi qu'en 1502, Jacques IV acheta des clubs de golf sous le manteau pour la modeste somme de 14 shillings et qu'en 1503 il se trouva dans la triste obligation d'emprunter 42 shillings à son Lord Grand Trésorier afin de régler une dette golfique, indications qui prouvent, si besoin était, l'acharnement du Golfeur à golfer, dût-il braver tous les interdits y compris ceux par lui-même édictés.

Plus près de nous, en 1652, l'activité principale du Golfeur — et sa raison d'être ! — était encore impitoyablement réprimée puisque le conseil municipal d'Edimbourg s'était vu contraint de proscrire la pratique du golf en ville ou en dehors de la ville le jour du sabbat.

Dieu merci, ces traitements barbares et cruels n'ont plus cours aujourd'hui. Le Golfeur du XXe siècle peut s'épanouir avec la bénédiction des autorités et s'adonner en toute impunité à ses déroutantes pratiques.

COMMENT RECONNAÎTRE UN GOLFEUR

Pour un observateur peu averti, il est parfois difficile de distinguer un Golfeur d'un être humain ordinaire. Tous deux, à première vue, semblent posséder une tête, un tronc, deux bras et deux jambes.

Ce même observateur peu averti aurait tort de se satisfaire d'une inspection aussi superficielle, car il existe en fait de nombreux signes distinctifs lui permettant de savoir à qui il a affaire ou du moins d'éveiller un doute quant à la nature golfique de la personne examinée. Il n'est pas trop hardi, en effet, d'affirmer que le Golfeur est à l'être humain ordinaire ce que le paon est au coq de basse-cour. L'un est banal et vulgaire, l'autre chatoie avec superbe.

Observons l'allure du Golfeur. Celui-ci se déplace le plus souvent au pas, qu'il peut à volonté raccourcir ou allonger, toujours avec une aisance, un port de tête fier et hautain qui le différencient nettement du commun des mortels. Son regard, perdu dans le vague, semble constamment errer sur les étendues verdoyantes qui constituent son élément naturel et dont, lorsqu'il se trouve exilé dans les villes, il garde une profonde nostalgie.

L'être humain ordinaire a le teint blême et fatigué. Pas le Golfeur. Régulièrement exposé aux intempéries, soleil implacable de l'été ou frimas hivernaux, le visage du Golfeur apparaît toujours lisse et frais, la peau souple et parfaitement irriguée, les pommettes d'un beau hâle doré qui respire la santé. Le cheveu léger et brillant (jamais gras !), le sourire rare mais charmeur, le Golfeur dégage en société une aura de perfection qui ne peut laisser aucun doute quant à sa nature éminemment exceptionnelle.

Outre ces caractéristiques physiologiques, le Golfeur est également reconnaissable à certain détail vestimentaire qui ne pourra échapper au regard scrutateur d'un observateur attentif. Tel l'ornithorynque, ce mammifère ovipare et amphibie qui déroute les chercheurs par les différents attributs qu'il a su conserver au cours de son évolution (bec corné, longue queue plate, pattes palmées munies de griffes...), le Golfeur a gardé de ses ancêtres écossais une particularité tout à fait saisissante : un goût violent pour le tartan !

Autrefois portées par les rudes montagnards écossais et signe d'appartenance à un clan, ces rayures de couleur se croisant à angle droit se retrouveront immanquablement un jour sur la personne du Golfeur, qu'il soit né à Clermont-Ferrand ou à Marmande. Certes, il est devenu rare de voir le Golfeur mâle porter un kilt en société ou sur les étendues retirées où il s'adonne à son activité favorite — la femelle, quant à elle, reste encore fidèle à cette coutume. Non, l'écossais se remarquera sur sa personne de manière plus discrète : pantalon, blouson, casquette...

Si, malgré ces indices concordants, la nature golfique du spécimen examiné n'est pas véritablement établie, il est toujours possible d'avoir recours à certains artifices, sans toutefois heurter la sensibilité du sujet. En effet, s'il est réellement de la race des Golfeurs, il souffre cruellement dans sa chair et son affectivité d'être privé de son passe-temps préféré par les nécessités de la vie en société.

Il est donc conseillé de glisser habilement dans une conversation anodine une petite phrase incompréhensible pour l'être humain ordinaire mais qui tintera agréablement à l'oreille du Golfeur, le libérant de ses frustrations et le faisant répliquer avec vivacité.

Il existe plusieurs petites phrases de ce type que l'être humain ordinaire aura intérêt à apprendre par cœur et à lancer innocemment, sans se préoccuper de leur sens caché qu'il est parfaitement incapable de déchiffrer.

Exemple : « Tiens, il paraît que Machin a fait un double bogey au 12 mais un birdie au 13... »

Si les yeux du sujet s'illuminent et s'il rétorque anxieusement : « Par 4 ou par 5 ? », alors il n'y a plus aucun doute quant à sa qualité de Golfeur. Car cet être étrange, qu'il soit dans son salon ou dans son bureau, a constamment l'esprit encombré de chiffres et de trajectoires en rapport avec les arcanes de son activité de prédilection, son plus cher désir étant de retrouver au plus vite son attirail pour aller golfer.

UNE PROLIFÉRATION DE BON ALOI

Pour ménager la susceptibilité et les nerfs de cet être sensible et délicat, de nombreux espaces lui ont été aménagés à proximité des villes afin qu'il puisse y soulager son angoisse à la première occasion, d'autres, plus lointains, étant préférés pour le week-end ou les vacances. Plus de deux cents de ces endroits ont déjà été harmonieusement répartis sur le territoire français (sans compter les salles et centres d'entraînement qui constituent un bon dérivatif pour le Golfeur frustré) et au moins autant sont en travaux ou en projet.

Mais laissons plutôt parler les chiffres :

— Le nombre des Golfeurs a augmenté de 26 % en 1986, de 25 % en 1987 et de 11 % en 1988.

— 49 nouveaux parcours ont été ouverts en 1988 (la construction d'un parcours coûte entre huit et soixante millions de francs et, parfois, davantage).

— Il y a 135 000 licenciés en France (dont 45 000 femmes) mais 22 millions aux États-Unis, près de 12 millions au Japon et 2 millions au Canada (12 600 parcours aux États-Unis, 1 588 au Japon, 1 796 au Canada).

— Sur 1 000 habitants, il y en a 96 qui jouent au golf au Japon, 90 aux États-Unis, 85 au Canada, 25 en Grande-Bretagne, 2,43 en France, 1,60 en Belgique.

Toutes proportions gardées, les Golfeurs français se multiplient, certes, mais ils sont encore loin de ressentir les méfaits de la surpopulation (chose qu'ils abhorreraient entre toutes !) comme les Japonais qui se voient

LE PARCOURS

Bunker (= fortification) : obstacle en dépression rempli de sable, qui rend le parcours plus difficile en pénalisant les mauvais coups. On les trouve surtout à proximité du green.

Dog-leg (= patte de chien) : trou qui tourne à gauche ou à droite.

Fairway (signifie passage, chenal mais aussi bonne direction, chemin aplani) : partie tondue et dégagée entre le départ et le green.

Green (= pelouse) : surface entourant le trou, dont le gazon est très finement tondu.

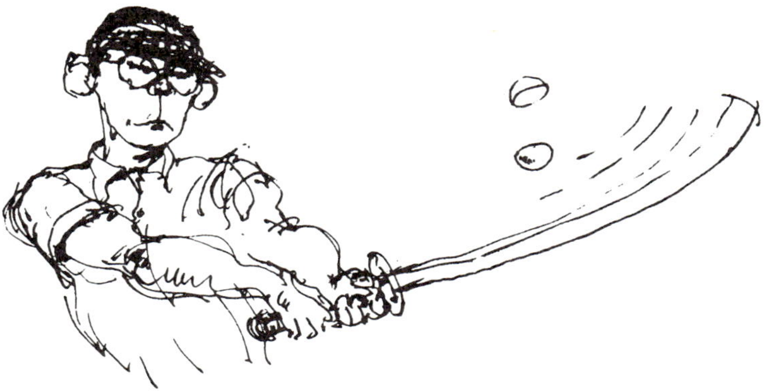

contraints de frapper leurs balles sur plusieurs étages, dans des practices-cages à poules.

Si cela devait arriver, gageons qu'ils préféreraient encore renoncer, la mort dans l'âme, à pratiquer dans des conditions aussi répugnantes une activité qui est aussi et avant tout un art de vivre.

Hors limites : limite de hors-jeu, indiquée par des piquets ou une clôture, ou par une ligne tracée sur le sol.

Links : mot écossais signifiant (a) dunes grises et (b) parcours de golf situé à l'origine en bordure de mer.

Par : score idéal sur un trou.
— moins de 228 m : par 3
— de 228 à 434 m : par 4
— plus de 434 m : par 5
Sur un parcours de 18 trous, le score idéal est généralement de 72.

Practice (= entraînement) : terrain d'entraînement où les joueurs peuvent travailler leur swing dans des conditions artificielles. Quatre distances sont indiquées : 50, 100, 150 et 200 m. Le practice se trouve généralement tout près du club-house.

Putting green : surface de gazon ayant la qualité des 18 greens du parcours et se trouvant à proximité du tee n° 1. Permet de s'entraîner.

Rough (= terrain accidenté) : partie bordant le fairway, qui est laissée à l'état sauvage. On y trouve arbres, arbustes et hautes herbes.

Tee : désigne à la fois l'aire de départ d'un trou et le petit objet en bois ou en plastique sur lequel, uniquement au départ du trou, le joueur pose sa balle.

LES EMBÛCHES SONT VARIÉES

Point de départ aveugle, d'où le drapeau est invisible.

Vent de côté, de dos et de face qui vient flirter avec la balle et la dévoyer.

Fairway (partie tondue) en montée, incliné de gauche à droite, de droite à gauche, étroit, bordé d'arbres, que la balle, curieusement, semble vouloir éviter.

Rideau d'arbres dans lesquels la balle ira se loger avec constance.

Rough (hautes herbes délimitant le fairway) que la balle affectionne et dont il est particulièrement ardu de l'extirper.

Bunker (cavité remplie de sable se trouvant surtout à proximité du green) dont les parois abruptes sont un véritable casse-tête pour le Golfeur malheureux qui a vu sa balle s'y précipiter pour, bien sûr, tel un crabe apeuré, s'y enfoncer aux trois quarts.

Pièce d'eau dont il est impossible de sortir la balle, même si l'on nage comme un poisson. A moins que celle-ci ne se trouve tout au bord, dans deux centimètres d'eau, auquel cas le Golfeur sera bien obligé de se mouiller.

Butte placée astucieusement devant le green afin que la balle roule toujours dans la direction opposée à celle ardemment souhaitée par le Golfeur.

Green en biais, étroit, légèrement surélevé, bombé, en pente — sa surface n'est, hélas ! jamais plane.

On dit généralement que buttes, bunkers et pièces d'eau « défendent » le green. Il est certain que le parcours du Golfeur ressemble passablement à celui du combattant, sa mission étant de se rendre maître du terrain dans les meilleurs délais, afin de pénétrer à l'intérieur de la place forte sur laquelle flotte un drapeau insolent.

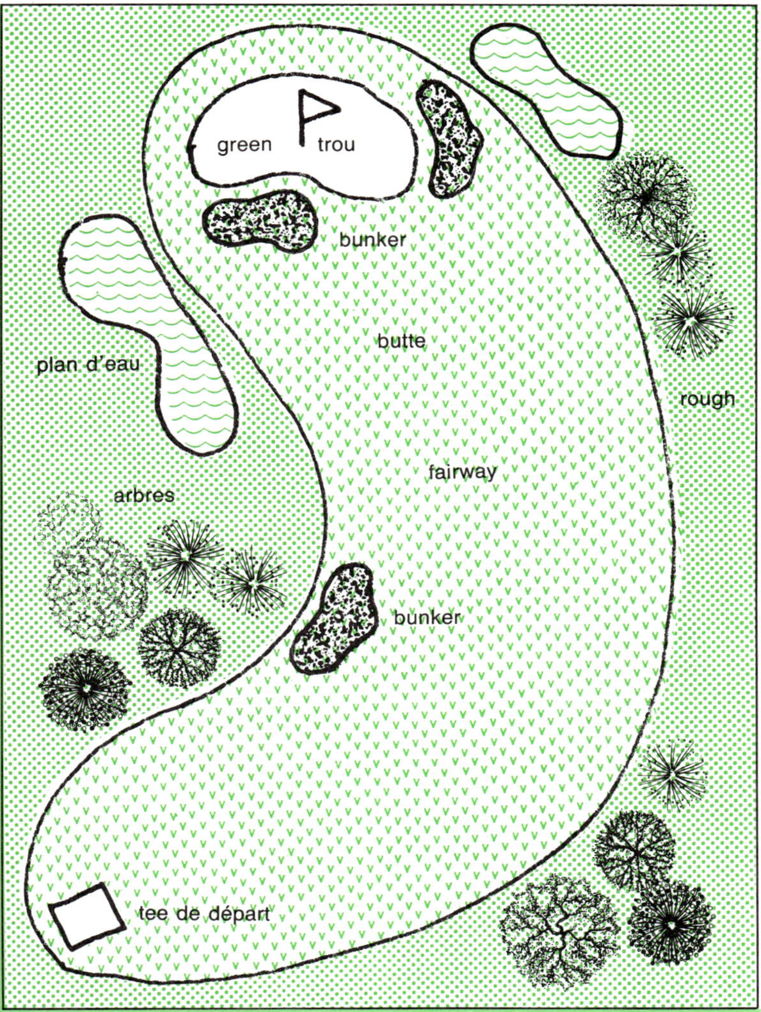

Ceci ne représente pas la plante d'un pied droit de Golfeur avec ses nombreuses ampoules, mais un piège soigneusement mis au point pour tester la force d'âme de la gent golfique.

On remarquera sur ce croquis les embûches disséminées sur le chemin du Golfeur. L'idéal serait d'envoyer directement la balle du tee jusque dans le trou indiqué par le drapeau. Mais mieux vaut se persuader que faire le par (en 3, 4 ou 5 coups) n'est déjà pas si mal.

Il existe différentes sortes de golfs et il n'est pas toujours possible de s'y aventurer. Mieux vaut se renseigner avant d'espérer jouer : on demande généralement la licence fédérale et la carte de handicap, mais les conditions d'admission varient d'un club à l'autre.

Distinguons cependant :

les golfs publics
Financés par des fonds publics (État, région, commune...), ils sont minoritaires. On accède au parcours en achetant un green fee (droit d'admission à la journée, plus cher le week-end) ou une cotisation annuelle.

les golfs privés
Ce sont les plus nombreux. Ils sont financés par la vente d'actions réservées à un nombre limité de souscripteurs, ou par un droit d'entrée de plusieurs milliers de francs que quelques centaines de personnes seulement ont acquitté. Ces membres seront les utilisateurs privilégiés sinon exclusifs du parcours. Il est parfois possible d'y jouer avec un green fee.

les golfs commerciaux
Financés par un groupe d'investisseurs ou un promoteur immobilier, ils sont encore peu nombreux. On y accède avec un green fee.

QUELQUES TERRAINS DE GOLF OÙ IL EST BON D'ÊTRE APERÇU

Ces golfs sont chics, très chics. Donc très fermés. Ne s'y risquer que si l'on a quelques amis dans la place et une tenue qui résiste à un examen critique approfondi.

Golf de La Boulie
(45 trous, privé)
78000 Versailles
(1) 39 50 59 41

Le premier golf de la région parisienne (1901). Beaucoup de pros y jouent.

Golf de Saint-Cloud
(36 trous, privé)
Parc de Buzenval
60, rue du 19-Janvier
92380 Garches
(1) 47 01 01 85

Golf de Chantilly
(27 trous, privé)
60500 Vineuil-Saint-Firmin
44 57 04 43

L'Open de France s'y dispute en juin.

Un « must » : le Golf des Bordes.

Le New Golf Club de Deauville.

Golf de Saint-Nom-la-Bretèche
(36 trous, privé)
Hameau de la Tuilerie-Bignon
78860 Saint-Nom-la-Bretèche
(1) 34 62 54 00

Le Trophée Lancôme s'y dispute en septembre.

Golf de Saint-Germain
(36 trous, privé)
Route de Poissy
78100 Saint-Germain-en-Laye
(1) 34 51 75 90

Golf de Morfontaine
(18 trous, privé)
60520 La Chapelle-en-Serval
(1) 44 54 68 27

Pratiquement impénétrable.

Golf des Bordes
(18 trous, privé)
41220 Saint-Laurent-Nouan
54 87 72 13

Récent et superbe parcours à l'américaine appartenant au baron Bich. Green fees exorbitants.

New golf club de Deauville
(27 trous, privé)
14800 Saint-Arnoult
31 88 20 53

Golf de Biarritz
(18 trous, privé)
Le Phare, avenue E.-Cavell
64200 Biarritz
59 03 71 80

Golf de Cannes Mougins
(18 trous, privé)
175, rue d'Antibes
06250 Mougins
93 75 79 13

Golf de Lyon Villette-d'Anthon
(27 trous, privé)
38280 Villette-d'Anthon
78 31 11 33

Golf du Touquet
(54 trous, privé)
Avenue du Golf
62520 Le Touquet
21 05 68 47

QUELQUES TERRAINS DE GOLF OÙ S'ÉBATTRE EN TOUTE TRANQUILLITÉ

Atmosphère plus décontractée pour ces golfs particulièrement agréables, surtout en semaine.

Golf du Prieuré
78440 Gargenville
(1) 34 76 70 12

36 trous, privé. Le club-house, un ancien prieuré, est classé monument historique. Terrasse magnifique.

Golf de Cabourg
Route de Sallenettes
14390 Le Hôme-Varaville
31 91 25 26

18 trous, privé.

Golf de Moliets
40660 Moliets
58 48 54 65

18 trous, public. Superbe parcours dans les pins.

Golf de Chiberta
104, boulevard des Plages
64600 Anglet
59 63 83 20

18 trous, privé. Assez sauvage.

Golf d'Étretat
Route du Havre
76790 Étretat
35 27 04 89

18 trous, privé. Vue sur les falaises.

Golf de Clair Vallon
14510 Houlgate
31 91 06 97

9 trous, privé.

Golf des Volcans
Clermont-Ferrand
La Bruyère des Moines
63870 Orcines
73 62 15 51

18 trous, privé.

Golf d'Aubazine
Association corrézienne de golf
Complexe touristique du Coiroux
19190 Beynat
55 27 25 66

18 trous, public.

Golf de Fuveau Château L'Arc
Rousset-sur-l'Arc
13790 Fuveau
42 53 28 38

18 trous, privé.

Golf d'Aix-les-Bains
Avenue du Golf
73100 Aix-les-Bains
79 61 23 35

18 trous, privé.

Les links de Moliets, embruns compris.

Golf de Lannemezan
La Demi-Lune
65300 Lannemezan
62 98 01 01

18 trous, privé. Avec vue sur les Pyrénées.

Golf de Bitche
B.P. 47
57230 Bitche
87 96 15 30

27 trous, public.

LE CLUB-HOUSE

Ce n'est pas un magasin où l'on se procure des clubs mais une superbe bâtisse dont l'allure, comme celle du Golfeur, impose le respect. On y trouve un bar en terrasse, une salle de restaurant, des vestiaires, des douches, un pro-shop (magasin tenu par le pro et sa famille, où l'on peut acheter équipement et vêtements), un bureau de prêt ainsi que divers agréments tels que piscine, sauna, billard, etc.

Autres avantages de ce genre d'endroit :

— on s'y retrouve entre gens de bonne compagnie,

— on peut y observer d'un œil narquois (à charge de revanche !) les départs du premier trou situé à proximité. Le moment le plus angoissant d'une partie de golf étant bien évidemment l'exécution du premier coup, puisqu'on le joue souvent devant cent personnes.

Le club-house du golf corrézien d'Aubazine.

QUELQUES SERVICES D'URGENCE POUR GOLFEURS PARISIENS FRUSTRÉS

Golf Action
115, rue du Bac
75007 Paris
45 49 93 93

Le Samouraï
26, rue de Berri
75008 Paris
43 59 04 48

Un coin jardin avec tapis en putting-green près des Champs-Élysées.

Practice Montparnasse
3, rue Armand-Moisant
75015 Paris
43 20 08 82

Avec un putting-green.

École de Golf de Paris
5, avenue des Ternes
75017 Paris
47 63 06 54

Otis Golf Club
33e étage de l'hôtel Concorde Lafayette
3, place du Gl-Kœnig
75017 Paris
47 58 12 84 p. 40 87

Le plus haut practice d'Europe.

Timing
Voie des Sables
94800 Villejuif
47 26 06 06

Avec un parcours de golf compact en plein air, dix practices couverts, un bunker et un putting-green extérieurs et bien d'autres équipements sportifs.

Ken Club
100, avenue du Pdt-Kennedy
75016 Paris
46 47 41 41

Avec simulateur de golf pour jouer sur des parcours prestigieux.

Golf Center
38, rue Jean-Jaurès
92800 Puteaux
47 78 71 71

Avec un pro-shop et un atelier spécialisé dans la réparation des clubs.

Le practice couvert…

… et les installations extérieures de Timing.

Gymnase Club Maillot
17, rue du Débarcadère
75017 Paris
45 74 00 39

École de l'Étoile
10, avenue de la Grande-Armée
75017 Paris
43 80 30 79

Vue magnifique sur Paris.

École de golf du tennis de Longchamp
19, bd Anatole-France
92100 Boulogne
46 03 84 49

Practice de l'Espace Molitor
12, avenue de la Porte-Molitor
75016 Paris
46 51 99 88/46 51 50 11

À Longchamp, 700 m² de gazon synthétique.

FÉDÉRATIONS DE GOLF

Fédération Française de Golf
69, avenue Victor-Hugo
75783 Paris Cedex 16
(1)45 02 13 55

Fédération Royale Belge de Golf
Chemin de Baudémon 23
1400 Nivelles
067 22 04 40

Association Suisse de Golf
En Ballègue
Case Postale
CH-1066 Epalinges
41 (21) 32 77 01

Association Royale de Golf du Canada
Golf House, R.R. ≠ 2
Oakville, Ontario L6J 4Z3
(416) 849 97 00

LA PRESSE GOLFIQUE

Egerie Golf
78124 Mareil-sur-Mauldre
34 75 87 90

France Golf
75009 Paris
48 24 46 21

Golf Européen
75017 Paris
42 67 91 25

Golf Magazine
75016 Paris
45 02 13 55

Golf Management
92100 Boulogne
46 03 15 54

Golf Passion
69006 Lyon
78 52 70 20

Golf Reporter
13006 Marseille
91 37 12 32

Golfy 18
34740 Vendargues
67 70 14 16

Greens
75013 Paris
45 82 96 96

Green-Keeper
78124 Mareil-sur-Mauldre
34 75 87 90

Le Par
59800 Lille
20 06 08 60

La Lettre du Golf
75008 Paris
40 65 36 15

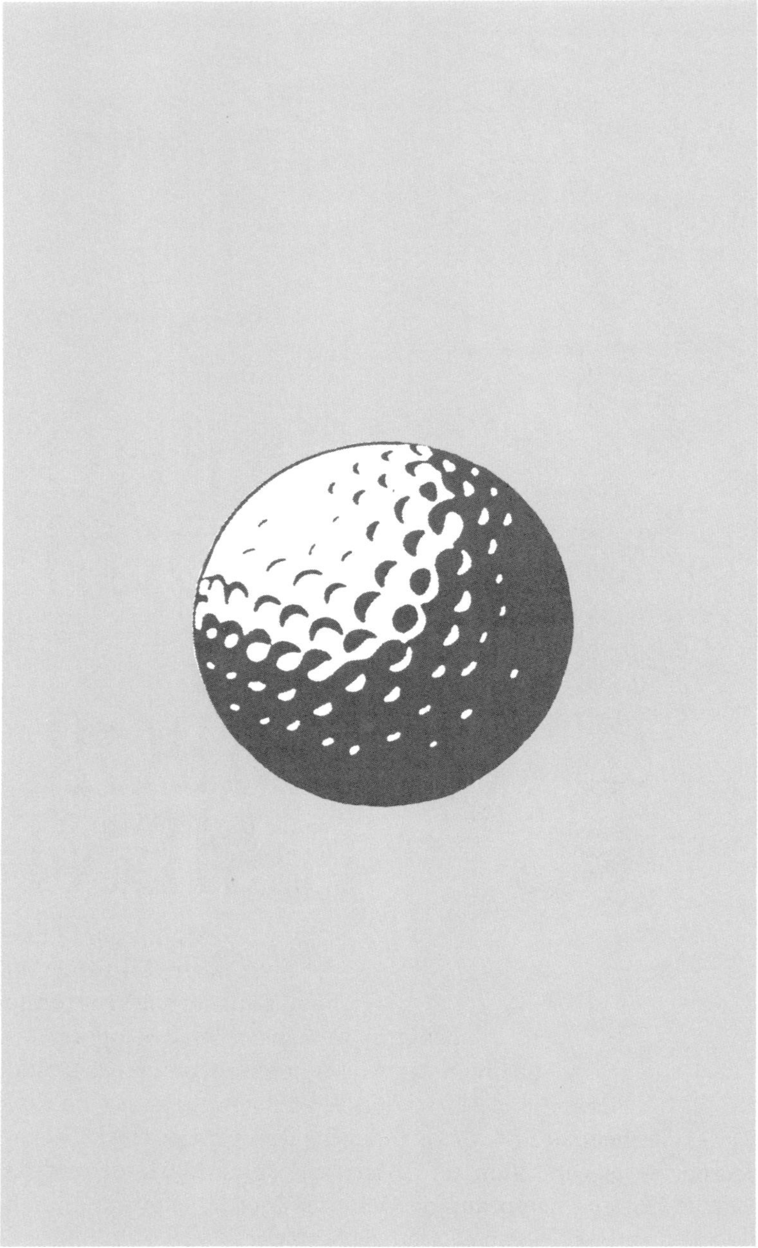

CHAPITRE II

MORPHOLOGIE ET COMPORTEMENT

DESCRIPTION PHYSIQUE DU GOLFEUR

Maintenant que nous savons distinguer un Golfeur dans la masse informe des êtres humains ordinaires, apprenons à le regarder dans son milieu naturel, communément appelé « terrain de golf », « parcours » ou tout simplement « golf ». Ces grandes étendues verdoyantes où l'exubérance de la végétation est savamment domestiquée offrent un refuge idéal aux troupeaux de Golfeurs dont les aspirations sont rarement satisfaites dans les jungles urbaines.

Dans leur élément naturel — c'est-à-dire artificiel — les Golfeurs, dégagés des contraintes de la vie en société, se sentent enfin libres d'exprimer leur véritable tempérament, libres de consacrer tous leurs efforts et le meilleur d'eux-mêmes à envoyer une petite balle de 45,93 g dans un trou de 10,8 cm de diamètre et 10 cm de profondeur.

Observons donc un sujet pris au hasard alors qu'il s'adonne à son occupation favorite.

Tenons-nous d'abord à bonne distance, afin d'avoir une vue d'ensemble de la silhouette. Celle-ci est généralement longiligne et élancée, aux proportions harmonieuses. Notons cependant qu'il existe des sujets de faible stature, gras et ventripotents, mais ces morphologies sont assez peu adaptées à la pratique du golf : mieux vaut un pannicule adipeux de faible épaisseur. Celui-ci peut consti-

DANS LE FEU DE L'ACTION

Adresse : position du joueur devant la balle avant de la jouer.

Le swing **backswing** : début du swing, le club monte vers l'arrière.

Downswing : deuxième partie du swing, le club redescend pour frapper la balle.

Follow through : troisième partie du swing, le club accompagne la balle, après l'avoir frappée et avant le **finish**.

Grip : (1) partie supérieure du manche du club ; (2) façon de tenir le club.

Posture : position du corps du joueur avant le début du swing.

Square : par rapport à sa ligne de jeu, le joueur se place parallèlement et place sa face de club perpendiculairement.

Stance : position des pieds du joueur sur le sol.

Sway : le corps se déplace au début du swing de telle sorte qu'il ne peut pivoter sur un axe stable.

Waggle : petit mouvement de va-et-vient (le joueur semble frétiller derrière la balle) avant le backswing.

tuer une source d'énergie pour certains organismes dans la mesure où le golf nécessite un apport important en glucides, mais peut aussi représenter une surcharge : parmi les Golfeurs chevronnés, les meilleures performances vont avec le pourcentage de graisse le moins élevé.

En se rapprochant un peu pour détailler le visage, on remarquera la vivacité du regard — prompt à suivre les balles perdues — et le front souvent barré de rides — quand ces balles sont *réellement* perdues. La bouche est plutôt grande, soit fermée, soit ouverte — elle est alors très grande et très ouverte.

En redescendant un peu vers le nombril, on pourra remarquer au passage les épaules bien carrées, pivotant harmonieusement, la poitrine large, signe d'une bonne capacité thoracique (le Golfeur jouit d'une excellente oxygénation de par ses nombreuses allées et venues d'un pas vif et par tous les temps), le ventre plat de préférence (les bourrelets qui retombent en cascade par-dessus la ceinture sont particulièrement inesthétiques et donc vivement déconseillés), le bassin spirituel et attractif en phase de rotation. Il est toujours surprenant de voir le Golfeur exécuter certains mouvements rotatoires sans perdre l'équilibre. Si nous poursuivons notre examen morphologique, nous constaterons que les genoux se plient avec grâce, les cuisses restant robustes et les mollets sans faiblesse. Voilà bien d'ailleurs une nouvelle injustice de la vie, qui fait que le Golfeur pivotera en se fléchissant avec aisance, alors que l'être humain ordinaire, toujours pataud, trébuchera lourdement dès qu'il s'efforcera de l'imiter. Le bras souple et la main sûre, le Golfeur, lui, est incapable de perdre son élégance, en quelque circonstance que ce soit.

Le Golfeur passant énormément de temps à se déplacer, on n'aura aucun mal à remarquer sa démarche, nerveuse et élastique. Bien que ses deux pieds lui soient d'une remarquable utilité (le gauche tout comme le droit), ceux-ci sont rarement hypertrophiés et peu de sujets chaussent du 48. Quelquefois, le Golfeur âgé, fatigué ou encore plus snob que ses congénères utilisera un petit véhicule à moteur pour ses déplacements sur son territoire, ceci afin de transporter, dans des conditions de confort optimales, son équipement de golf auquel il associera volontiers un mini-bar et un poste T.V.

GOLFEURS CÉLÈBRES

François Mitterrand

Secret, fuyant les regards indiscrets et l'œil des caméras, ce malheureux Golfeur est contraint de frapper sa balle sur les links de Saint-Cloud le jour de la fermeture du parcours. Néanmoins fort assidu, il ne craint pas de braver les intempéries presque chaque semaine dans l'espoir d'améliorer son handicap (entre 25 et 30). Peu stressé, fort tranquille, il n'a pas ces gestes d'impatience qui caractérisent le Golfeur sanguin. Au pas de la promenade, bavardant avec quelques congénères amis, il pousse benoîtement sa balle en admirant graminacées et ramées car il éprouve un net penchant pour la botanique.

Ivan Lendl

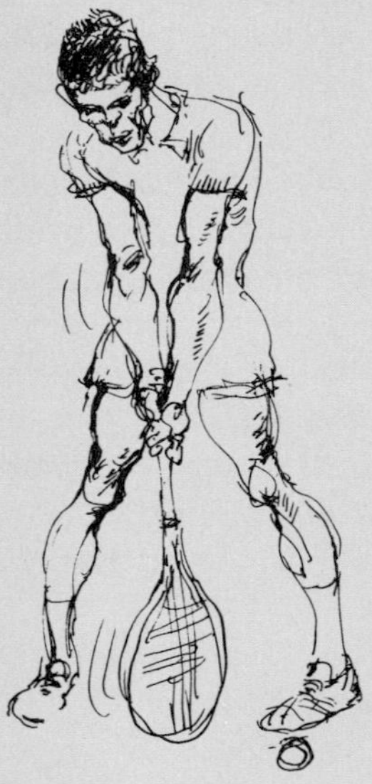

Ce Golfeur « accro » et accrocheur n'hésite pas, lorsque les étendues verdoyantes dont il rêve lui sont inaccessibles, à assouvir sa passion sur des golfs miniatures dont il fera le parcours plusieurs fois avec un sérieux et une autorité suscitant l'admiration. La plupart du temps, il parvient cependant à aménager ses horaires de travail, se rendant sur les courts à la première heure afin de pouvoir consacrer ses après-midi à l'amélioration de sa technique golfique sur des dix-huit trous. Cet être souvent renfrogné, sous pression, contraint de gagner sa vie en renvoyant inlassablement une vulgaire balle de tennis par-dessus un filet toujours semblable sur un court aux proportions inchangées, s'épanouit enfin lorsqu'il troque sa raquette pour un club et part à la découverte d'espaces forcément méconnus.

Alain Prost

Renfermé et solitaire, cet amoureux du grand air et du gazouillis des oiseaux n'a qu'une obsession : déjouer les pièges d'un parcours de golf en gardant une parfaite maîtrise de ses émotions. Comme il a un tempérament de gagneur, il y parvient plutôt bien (il a 10 de handicap). Très méticuleux avec son matériel qu'il vérifie soigneusement avant chaque départ, il reste concentré jusqu'à l'arrivée sans jamais se laisser aller à des gestes d'énervement. Exigeant avec lui-même, volontaire, il ressent

pourtant une forte pression et doit souvent se détendre en roulant à tombeau ouvert sur les circuits automobiles du monde entier. Pour être sûr de n'être jamais en état de manque, il a acheté avec son ami Jacques Laffite son propre golf près de Dijon. C'est là qu'il s'entraîne avec acharnement pour n'être plus ridiculisé par un certain Nigel Mansell, qui lui dame le pion en scorant régulièrement juste au-dessus du par. Il prend sa revanche au volant de sa voiture chaque fois qu'il parvient à le doubler.

LE GOLFEUR DANS SON ÉLÉMENT

Nous voici un peu plus familiarisés avec la personne du Golfeur. Observons maintenant cet être fascinant et mystérieux dans son environnement naturel, alors qu'il est aux prises avec un équipement ultra-sophistiqué et une petite balle blanche qu'il se doit de contrôler avec une impeccable maîtrise. Le fait de la frapper à l'aide d'un club (dont l'ancêtre est le grossier bâton utilisé par les bergers écossais) est loin d'être aussi évident qu'il n'y paraît à l'observateur attentif. Les trajectoires de la balle susdite peuvent se révéler extrêmement surprenantes — y compris pour le Golfeur — et, parfois, catastrophiques. En ce cas, le sujet fera de gros efforts pour ne pas se départir de son calme, efforts que devront trahir seulement un rictus nerveux aux commissures des lèvres et un pas un peu moins élastique que celui emprunté précédemment pour parcourir les quelques mètres séparant le club-house (à la fois avant-scène et refuge du Golfeur) du premier tee (point de départ du premier trou). Dans la périphérie du club-house, le sujet apparaîtra toujours conquérant et sûr de lui. Perdu dans les hautes herbes, il pourra donner libre cours à son exaspération de ne pouvoir régner en démiurge sur une étendue soigneusement accidentée et parsemée d'embûches discrètement disposées.

Les travaux du Pr Dutrou l'ont bien montré : le Golfeur est un animal farouche qui se croit obligé de se dresser sur ses ergots dès qu'il se sait observé. Afin de pouvoir étudier son véritable comportement, il est vivement conseillé de l'épier en restant tapi dans d'épais fourrés, pour ensuite ramper derrière lui lorsqu'il se déplace dans sa phase exploratoire, apprenant les relations spatiales nécessaires à son orientation dans son domaine vital. Il est de toute façon impératif de garder une distance minimale de sécurité afin de ne pas perturber les ébats du sujet examiné. C'est ainsi que le célèbre professeur, dont nous nous ferons ici l'écho, a procédé pour réunir une documentation tout à fait intéressante concernant la psychophysiologie du Golfeur, et dont certains points ont été par la suite amplement démontrés.

Lorsque le Golfeur est parvenu à l'endroit qui l'attire, généralement en relation directe avec la balle qu'il vient d'expédier, il s'immobilise et semble humer l'air de ses narines frémissantes. Remarquons au passage que quelques sujets, loin de s'immobiliser, tournent en rond, les yeux baissés, avec des mimiques exprimant la plus parfaite perplexité ; d'autres encore vagabondent dans les fourrés ou grimpent aux arbres... En fait, ces comportements dénotent soit une certaine inexpérience, soit une inadaptation flagrante à leur milieu. Le Golfeur s'immobilise donc et, de son regard perçant, analyse les configurations du terrain. Il est courant, à cet instant, de le voir se gratter la tête avec la main, trahissant ainsi son embarras. Parfois il s'accroupit, le menton entre deux doigts, pour juger d'une perspective, d'une dénivellation ou de la qualité d'un brin d'herbe. D'aucuns affirment avoir aperçu des Golfeurs allongés de tout leur long, le nez dans le gazon, mais cette attitude semble si peu conforme qu'elle ne peut résulter que d'une glissade accidentelle sur l'herbe humide.

Le Golfeur, ayant analysé les différents paramètres qui le préoccupent d'une manière lancinante, va alors fourrager dans son sac de clubs. Ceux-ci font partie de l'équipement vital qui ne le quitte jamais et que nous examinerons plus précisément dans le cours de notre étude. Localiser le club adéquat semble un jeu d'enfant au premier venu. Mais ce dernier saurait-il choisir, parmi les quatorze clubs disponibles, le fer 9 capable de sortir la balle des hautes herbes par vent de dos et de l'envoyer à 90 m par-dessus un plan d'eau ? Si le Golfeur éprouve pour ce faire/fer quelques difficultés, que dire de la honteuse présomption mêlée de l'incompétence la plus crasse du commun des mortels ?

Dans ces moments de doute, il n'est pas rare de voir le Golfeur, tête baissée, lutter avec les bois emmêlés, attitude qui s'apparente étrangement au comportement agonistique des cerfs et que les éthologistes nomment « lutte avec les bois ». Si tel est le cas, mieux vaut ne pas s'approcher du sujet : celui-ci, d'un naturel extrêmement calme et pondéré, est susceptible d'avoir des réactions explosives. Notez l'expression de sa face : si vous le voyez abaisser le coin de ses lèvres et mettre ainsi en évidence ses canines puissantes en une mimique de menace, tenez-vous à distance et abstenez-vous du moindre commentaire.

Lorsque le club adéquat a été localisé, le Golfeur le saisit délicatement et le place entre ses deux mains. A cet instant, il se doit de penser à son pied droit, son pied gauche, ses genoux, sa main droite, sa main gauche, son objectif, un point intermédiaire, sa posture, sa visée, son grip, son stance, la vitesse du vent et sa direction, et, bien évidemment, sa balle. L'accumulation de ces différentes données, surchargeant l'esprit pourtant vif du Golfeur, lui fait exécuter sur place une sorte de trépignement subtil puis fouetter l'air de son club. Enfin, il procède au mouvement étrange qui le caractérise et ne laisse d'intriguer par sa grande élégance mêlée d'un rien d'obscénité.

Ce mouvement est appelé swing mais ne présente que de lointaines ressemblances avec la musique américaine à la mode dans

les années quarante, même si le rythme, de part et d'autre, est de rigueur. Divisé en plusieurs parties elles-mêmes nécessitant un nombre incalculable de précautions dans leur exécution, le swing a donné lieu à quantité d'études, graphiques, stages, conseils et grincements de dents. Le Golfeur est seul habilité à s'y risquer — tout autre que lui se couvrirait d'ailleurs de ridicule —, même si le swing peut exécuter le Golfeur de la même façon que le Golfeur exécute le swing.

Après avoir défié sa balle de longues secondes, le Golfeur, sans la quitter des yeux, soulève lentement son arme et l'assène de toutes ses forces mais avec grâce sur l'unique objet de son ressentiment. Enfin débarrassé de la petite balle blanche qui le narguait, le sujet peut terminer son mouvement dans un grand balancement de club, s'immobilisant alors pour se laisser admirer mais suivant du coin de l'œil la balle qu'il vient de frapper dans l'espoir (souvent déçu) qu'elle retombera exactement à l'endroit où il l'a décidé.

Cette fin de geste, emblématique du Golfeur, et qui n'a rien à voir avec celle du lanceur de poids sauf si le swing a été exécuté par un être humain ordinaire, laissera songeur n'importe quel observateur. Résultat d'une terrible contorsion au cours de laquelle le corps tout entier résiste et se défend, le swing représente un stade important dans l'évolution de l'humanité : le Golfeur, c'est évident, ne veut pas céder à l'impulsion qui le saisit à la seule vue de sa balle, mais se montre totalement impuissant à échapper à son attraction. Évoluant autour d'elle comme une planète autour du Soleil, il effectue alors le large mouvement libérateur qui le laisse à la fois surpris d'une si belle audace et tordu dans une position à la limite de l'inconvenance. Quelles ondes mystérieuses peuvent bien se dégager d'une petite balle roulant innocemment sur l'herbe pour influencer à ce point un être humain et en faire un Golfeur ?

Selon certains psychologues, une frustration entraîne un comportement agressif dont la puissance se révèle proportionnelle à la force de frustration. Ayant avec le swing libéré son agressivité, le Golfeur peut procéder maintenant à l'exacerbation d'une nouvelle frustration. Alors qu'il se trouve à proximité du drapeau indiquant le trou dans lequel sa balle doit tomber, il courbe l'échine et, avec des gestes d'une grande douceur, il s'efforce, avec toute la patience dont il se découvre capable, de la pousser directement dans le trou pour lequel elle semble éprouver une vague aversion. Ayant observé la nature du gazon, sa hauteur, son humidité, ayant examiné le grain (direction dans laquelle pousse l'herbe), ayant évalué la pente et la force du vent, ayant repéré aux abords du trou les aspérités susceptibles de ralentir sa balle, le Golfeur reste songeur, le dos voûté, puis la tape doucement de la tête de son putter, qui est le seul club parmi les quatorze disponibles s'imposant sans contestation à cet endroit. La non-réalisation de l'événement tant attendu (la balle disparaissant dans le trou avec un petit bruit sec) déclenche chez le Golfeur une vive déception doublée de rancœur et d'amertume, le préparant ainsi à décharger son agressivité au départ du trou suivant dans un swing magistral sinon précis.

La pratique du golf nécessite des nerfs d'acier et un tempérament équilibré. Malheureusement, peu de Golfeurs répondent exactement à ces critères.

On distingue généralement parmi eux trois grandes catégories :

Les Golfeurs à sang froid ou lympathiques

Le regard terne, peu expressif, le geste mou et la bouche boudeuse, ils se laissent souvent entraîner sur des dix-huit trous sans manifester la moindre résistance. Peu émotifs, ils poursuivent avec application leur petit bonhomme de chemin jusqu'au dix-huitième, n'éprouvant nulle réaction de peur devant les variations de l'environnement et les difficultés du parcours. Rassurants pour leurs congénères, ces individus ne se font jamais de bile, indifférents à la qualité de leur prestation.

Les Golfeurs à sang chaud ou nerveux

La démarche martiale, trépignant sur les greens, faisant de longues allées et venues devant les tees, farfouillant dans leur sac de clubs avec de grands gestes brusques, ils restent rarement immobiles. Rendus enragés par le moindre gloussement ponctuant l'envoi de leur balle et/ou son point de chute, ils se mettront illico en position d'attaque, les yeux exorbités, le club brandi vers le ciel dans un état d'exaspération tel que l'horripilation (hérissement des poils) grossira sensiblement leur silhouette. Ces individus peuvent être dangereux : mieux vaut s'éloigner d'eux afin qu'ils brisent leur club sur leur genou plutôt que sur le crâne d'un congénère. Désireux de faire un parcours sans faute, ils seront toujours contrariés donc agressifs, regagnant finalement le club-house en geignant, fourbus et déçus, dans un état d'abattement proche de la dépression.

*Les Golfeurs équilibrés**

Intermédiaires entre les deux précédents types, ils se dirigent vers le premier tee en frétillant, partagés entre le plaisir de taper dans la balle et l'excitation provoquée par l'état de manque dans lequel ils se trouvent (ils n'ont pas touché un club depuis quarante-huit heures). Réalistes quant à leur niveau, désireux de bien faire, ils parviennent toujours à se maîtriser même lorsqu'ils ne maîtrisent par le parcours. Ils n'incriminent ni un gazon mal tondu, ni un club défectueux, ni une balle éraflée et rentrent au club-house de bonne humeur, anticipant déjà leur prochaine sortie.

* Les Golfeurs équilibrés sont extrêmement rares.

CHAPITRE III

PLUMAGE ET RAMAGE

D'éminents spécialistes se sont intéressés avant nous à la personne du Golfeur. Après avoir espionné pendant de longues années cet être farouche et versatile (le sujet examiné ne doit en aucun cas être troublé par une présence étrangère), ils sont arrivés à une conclu-

sion tout à fait remarquable, pour ne pas dire ahurissante : le Golfeur, alors qu'il se trouve dans l'enceinte du golf, ne passe que 4,07 % de son temps à frapper sa balle avec un club ! Ceci explique d'ailleurs pourquoi il est extrêmement rare de l'apercevoir en train d'exécuter un swing ou un putt, mais en revanche fort habituel de le voir plastronner sur les links ou aux abords du club-house et dis-

courir sur la façon d'exécuter un swing ou un putt (95,93 % de son temps).

D'autres points ont été établis qui ne surprendront personne :

a) Le Golfeur s'habille toujours avec le meilleur goût.

b) Le Golfeur ne dit jamais de sottises.

PLUMAGE

Examinons d'abord le Golfeur à sa toilette.

Contrairement à l'être humain ordinaire qui éprouve un plaisir sordide à s'élancer dans la rue au pas de course pour suer tout son soûl et rentrer chez lui deux heures plus tard en haletant, l'objet de notre étude réprouve avec la dernière rigueur les pratiques barbares ne nécessitant aucun effort intellectuel ni aucun sens esthétique, mais privilégiant la sécrétion des glandes sudoripares dans une activité musculaire démesurée. Le Golfeur marche, s'accroupit, tourne en rond, piétine — à l'occasion trépigne — à aucun moment Dieu merci il ne transpire. Aussi évitera-t-il cet accoutrement ridicule réservé au vulgaire : le survêtement. Ayant cependant besoin d'une grande liberté de mouvement, il aura soin de choisir des vêtements souples, confortables, d'une élégance sobre, attirant discrètement le regard, qu'il pourra porter aussi bien à la ville que sur les links sans risquer le moins du monde d'être déplacé.

Le tennisman en short humide de sueur, le coureur automobile en combinaison de course fripée, la footballeur en flottant crotté sont, eux, obligés de passer aux vestiaires se changer. Le Golfeur, au sortir du dix-huitième trou, est aussi pimpant qu'au premier tee et n'attire jamais de regards narquois, même s'il se voit contraint de sauter dans un taxi pour se rendre de toute urgence au bureau. En cas de pluie, il dispose d'un arsenal lui permettant de se livrer à son occupation favorite sans être le moins du monde importuné. La tenue du Golfeur est chic, et chic elle restera. Une différence pourtant : elle comportera, les jours où il n'ira pas au golf et devra par conséquent se mêler aux couches populaires n'ayant point atteint son degré de raffinement, quelques indices visant à établir son statut de Golfeur.

Une cravate de soie de chez Golf and Green, portant sur fond gris foncé un minuscule caddy sous un parapluie rouge et vert, un pantalon écossais Saint-Clair ou des lunettes de soleil signées Seve-

HAUTS ET BAS D'UNE CULOTTE

Il y a un siècle environ, le pantalon devint le signe distinctif du Golfeur grâce à Edouard VII qui, un jour de pluie, aurait remonté le sien pour ne pas le salir. Un Britannique — roi de surcroît ! — ne pouvant commettre d'impair, on s'était empressé d'imiter son allure et on avait appelé fort à propos ce nouveau pantalon « culotte de golf ».

Large, resserré à mi-mollet par un élastique, on l'avait réservé, à la ville, aux adolescents sortant des culottes courtes auxquels il donnait un air sportif et décontracté sans bien sûr faire négligé.

Quelques irréductibles, tels les joueurs Roger Davis ou l'élégant Payne Stuart, s'y accrochent encore aujourd'hui pour se livrer à leur occupation favorite. Peu à peu, ce type de pantalon retrouve d'ailleurs les faveurs de riano Ballesteros devraient faire l'affaire. Pour le reste, il n'est qu'à souscrire aveuglément au style britannique et fréquenter assidûment Burberrys, Berteil ou Old England.

Tenue Saint-Clair de rigueur.

la gent golfique : on n'a finalement rien trouvé de mieux pour jouer au golf. Et, hors des greens, d'audacieuses élégantes arborent fièrement leur « Tintin », acheté par exemple chez

La tenue et l'équipement du Golfeur sont inversement proportionnels à son niveau. En examinant de plus près la panoplie du Golfeur, on est immédiatement frappé par la grande diversité

Des crocodiles sur le green, c'est ça le chic... Lacoste, of course !

Daniel Hechter. Il serait pourtant encore incongru pour un jeune garçon, même de bonne famille, d'arriver au lycée dans la tenue du héros de Hergé.

Le Golfeur se distingue en ne portant qu'un seul gant (à la main gauche pour le droitier, à la main droite pour le gaucher) afin d'avoir une bonne maîtrise du club et d'éviter les ampoules sur sa main directrice. Au putting, il le placera négligemment dans la poche arrière de son pantalon, laissant, avec une nonchalance étudiée, les doigts dépasser des styles et des couleurs qui s'offre au choix de ces charmants bipèdes. Très curieusement, les nouveaux adeptes des greens montrent une inclination naturelle pour des vêtements sophistiqués aux colo-

et se balancer joliment au vent. Cette option hardie ne manque pas d'intriguer considérablement le vulgaire qui ose voir là un petit geste amical à la limite de l'incongruité.

Un Saint-Clair, sinon rien.

BON PIED, BON GOLF

Toutes les grandes marques au Comptoir du Golf.

Le pied du Golfeur, bien que possédant 26 os, 56 ligaments et 32 articulations comme celui de l'être humain ordinaire, est l'objet de soins particulièrement attentifs. Afin d'arpenter gaillardement les quelque 6 000 m d'un parcours accidenté, le Golfeur ne devra en effet souffrir d'aucune ampoule ni irritation. Et, dans l'exécution du swing, il devra se tordre la cheville avec grâce et sans raideur.

A cet effet, il choisira avec une attention méticuleuse la chaussure qui lui permettra de ne jamais perdre la face, en s'arrêtant à quelques caractéristiques d'importance :

— cuir souple pleine fleur, uni ou bicolore, souvent à piqûres,

— doublure en cuir pleine fleur permettant au pied de respirer, imperméabilisée et sans coutures pour ne pas provoquer d'irritation,

ris hardis, alors que les vieux routiers, eux, privilégient le confort plutôt que l'apparence.

Il y a deux raisons à cela :

1) Le nouvel adepte pense (à juste titre) qu'une tenue à la pointe de la mode améliore son niveau de jeu dans l'esprit de ses congénères.

Chaussures Polymark.

— languette de protection protégeant le dessus du pied de toute humidité,
— semelle ferme pour plus de stabilité,
— crampons en alliage haute résistance, interchangeables et vissés sous la semelle pour prévenir une glissade incongrue sur l'herbe humide.

Le Golfeur avisé trouvera sur le marché, et dans son pro-shop, une multitude de chaussures en cuir, ainsi que des bottillons et des bottes munis de clous ou de crampons.

Citons :
Foot-Joy (la plus utilisée par les pros américains),
Peter Fleming,
Okespor,
Soubirac,
Tretorn,
Albatros,
Dunlop, Nike, Aigle,
Adidas, Burburrys, etc.

2) Les couleurs vives et variées dont il aime se parer lui permettent de ne jamais disparaître totalement dans les fourrés lorsqu'il cherche sa balle et par conséquent d'inciter ses congénères à venir à sa rescousse. Quoi qu'il en soit, en oiseau des îles ou moineau des champs, le Golfeur, répétons-le, reste élégant en toutes circonstances. Comment d'ailleurs pourrait-il en être autrement puisqu'il

choisit toujours la meilleure qualité en achetant les yeux fermés — et au prix fort — les productions des grandes marques ?

Respectueux des valeurs et des traditions, le sujet de notre étude demeure fidèle à certaines tendances :

— l'écossais, en signe d'allégeance à ses ancêtres, héroïques gardiens d'une flamme jadis menacée de s'éteindre.

— les couleurs traditionnelles des tartans, rouge, vert, bleu, avec deux couleurs dominantes et très souvent, en hommage au chardon qui est l'emblème de l'Écosse, le vert et le violet.

— le pull en cachemire col en V, à manches longues ou sans manches mais de toute façon ultra-confortable et douillet si le temps se rafraîchit.

— la chemisette de coton, bien coupée, à la maille aérée, surtout si elle porte un emblème connu sur la poitrine et coûte trois fois plus cher que les autres.

— les knickerbockers ou knickers, resserrés sous le genou et boutonnés, portés avec de grosses chaussettes.

— la ceinture : entièrement en cuir, ou en cuir et toile à motifs, elle est indispensable pour n'avoir aucune mauvaise surprise lors de l'exécution du swing.

— le chapeau (un « must » au Royaume-Uni), qu'il soit casquette, béret, de forme cloche ou simple visière, parce qu'il donne de l'allure et (accessoirement) protège des intempéries.

L'appréhension suprême du Golfeur, sa hantise, sa phobie, c'est d'avoir l'air ridicule. Il est certain qu'entre les parcours (où il est exposé à l'humiliation de faire un air-shot) et les magasins chics où il se fournit (où il est confronté à la superbe du personnel), il doit faire preuve d'une belle assurance pour résister, la tête haute, aux regards en biais et sourires en coin. « Il n'est qu'un pas du sublime au ridicule » écrivait Michelet. Sachant toujours exactement où il met les pieds, le Golfeur, lui, ne peut être que sublime. Même quand il frôle les affres de l'humiliation. Un bermuda à l'écossais rose et jaune porté avec une chemisette saumon et un blouson lie-de-vin ne signaleront point chez lui une faute de goût mais témoigneront d'une personnalité forte qui ne demandera qu'à s'affirmer davantage en créant sa propre mode. Aussi, si le Golfeur a quelques vagues inquiétudes vestimentaires, elles seront vite dissipées par la certitude, ancrée au plus profond de lui, qu'il ne peut avoir tort. Sinon, comment serait-il Golfeur ?

Étant donc persuadé d'être dans son bon droit, il est intéressant de constater que chacun fait preuve, à l'encontre de ses congénères, d'une vive intolérance qui se manifestera volontiers par des regards appuyés et des réflexions (certes à mi-voix !) pleines de fiel. Dans l'enceinte du golf, le Golfeur occupe en effet une grande partie de son temps (52,74 %) à détailler la tenue de son prochain, le paraître étant pour ces esprits subtils une douloureuse préoccupation.

D'aucuns cherchent à imiter l'élégance et la distinction naturelles de ces êtres hors du commun en s'inspirant de leur façon de se vêtir. Dieu merci, ces indélicats individus ne s'aventurent que rarement sur les greens, aussi le Pr Jean Sérien a-t-il eu tout le loisir d'examiner à la loupe la tenue de 14 254 véritables Golfeurs. Il a finalement jugé utile de les classer, au prix d'un travail acharné, en plusieurs sous-espèces, se basant avant tout sur la couleur de leur plumage qui est leur premier signe distinctif sur les verdoyantes étendues qu'ils se plaisent à fréquenter, bien avant la qualité de leur swing ou la vivacité de leur allure. Signalons toutefois que leur aspect extérieur varie sensiblement selon les saisons : tel l'étourneau sansonnet qui arbore une robe nettement tachetée à l'automne mais un plumage sombre et unicolore au printemps, le Golfeur apparaîtra bien différent aux yeux des observateurs suivant la période de l'année et les conditions météorologiques. Nous étudierons dans le chapitre 4 les accessoires dont il aime à se munir en cas de pluie, nous limitant pour l'heure à sa tenue de base.

Le Débutant sérieux

Accroché et accrocheur, il met tous les atouts de son côté pour faire de rapides progrès. A commencer par l'achat d'une tenue adéquate, à un prix exorbitant naturellement — mais il serait tout à fait incongru de protester alors que le vendeur est si aimablement persuasif. Et si l'on compte le moindre sou, mieux vaut ne pas se lancer dans le golf.

Ses goûts classiques ne l'empêcheront pas de rechercher style et élégance.

Il fait confiance aux valeurs sûres : grandes marques, magasins réputés.

Sa panoplie :
— chemisette Lacoste vert pâle,
— pantalon écossais marine de chez Burberrys,
— ceinture en cuir et toile chez 9/18,
— chaussettes Façonnable blanches avec impression de golfeur,
— chaussures cloutées blanches Peter Fleming, doublées en goretex,
— gilet 100 % laine d'agneau Golf and Green, gris bordé de vert,
— gant blanc tous temps en suédine de chez Golf Plus,
— casquette anglaise chez 9/18.

Le Confirmé

Jouant depuis de longues années, ce Golfeur a insensiblement négligé son aspect extérieur, tout obsédé qu'il est par ses propres progrès et les performances d'un équipement de plus en plus sophistiqué. Tel le rossignol au terne plumage qui subjugue soudain par la beauté de son chant, le Confirmé surprend souvent par la perfection de son swing alors que son allure insignifiante le fait passer inaperçu. Il choisit de préférence des vêtements qui ont fait leurs preuves, douillets et confortables, aux couleurs discrètes.

S'il est dans l'obligation de renouveler un article de sa garde-robe, il se rend tout naturellement au pro-shop de son club (en passant des journées entières au golf, il n'a certainement pas le temps de faire les magasins !). Parfois, son épouse, ses enfants ou ses amis lui offrent quelques effets, qu'il s'obstine à laisser au fond d'un placard. Ou bien il condescend, lorsqu'il se promène sur les planches de Deauville et qu'il se voit soudain bousculé à l'intérieur d'une boutique, à acheter deux pulls et deux pantalons ainsi que trois ou quatre chemisettes, qui lui feront bien dix ans.

On a peu de chances d'apercevoir ce type de Golfeur dans un magasin autre que son pro-shop.

Sa panoplie :

— chemisette Fred Perry blanche (achetée il y a quinze ans),
— pull en cachemire marine (l'étiquette est partie),
— pantalon gris (toujours poché aux genoux),
— ceinture de cuir noir (usée mais il y tient),
— chaussettes blanches (achetées par son épouse),
— chaussures marron à clous (qu'il traîne depuis ses débuts).

Le Rigolard

Débutant et joyeux de l'être, ce type de Golfeur, plutôt que d'impressionner par une tenue recherchée à la pointe de la mode, accentue au contraire son médiocre niveau en portant des vêtements de loisir peu assortis mais soigneusement sélectionnés. Affectionnant les points d'eau, il sautille avec vivacité sur leurs berges glissantes dans l'espoir de divertir ses congénères. Il ne leur arrachera (dans le meilleur des cas !) qu'un sourire indulgent de connivence.
Nota : Cet oiseau migrateur se rencontre généralement l'été dans les clubs de vacances et disparaît totalement à la mauvaise saison. Il choisira de préférence les grandes surfaces, se dirigeant plus volontiers vers les articles de plage ou le rayon surf et planche à voile.

Sa panoplie :
— un polo marin à manches courtes, rouge avec de fines rayures bleu et blanc,
— un bermuda tahitien orange vif à impression de coquillages et palmiers,
— des baskets marine portées sans chaussettes,
— une visière jaune.

Le Coincé

D'un naturel méfiant et renfermé, sceptique quant à la qualité de son jeu et l'élégance de son allure, le Coincé recherche les végétations touffues et ombreuses afin de s'y dissimuler (il a pour cette raison d'énormes difficultés à améliorer son handicap). Vite effarouché, il s'efforce constamment de passer inaperçu et sa tenue de golf s'apparenterait plutôt à une tenue de camouflage : il apprécie en effet les coloris qui n'attirent pas l'attention sur son swing hésitant et son putting approximatif et lui permettent de se confondre avec son milieu. Fuyant les magasins chics où on le toise avec condescendance, il choisit des grandes surfaces où il peut se vêtir sans se faire remarquer ou les petits magasins qu'il connaît de longue date et qui ne paient pas de mine. Familier des practices et salles d'entraînement aux heures creuses, il n'éprouve pas le besoin de renouveler sa garde-robe.

Sa panoplie :
— chemisette Célio beige,
— pantalon à pinces, écossais vert à fines rayures jaunes, de chez Conte of Florence,
— pull col en V vert sapin Benetton,
— chaussettes kaki DD,
— chaussures noires Foot-joy.

L'Hurluberlu

Ce Golfeur se distingue très facilement dans la nature grâce à la diversité de ses couleurs et ses gesticulations cocasses. Son humeur espiègle le pousse en effet à se faire remarquer non seulement par des mimiques, mais également par des vêtements multicolores lui donnant un aspect clownesque qui n'est pas pour lui déplaire. Bon joueur, déterminé et concentré, il ne peut s'empêcher, pour relâcher la pression, de se moquer tout seul de ses ratages.

Il fréquente assidûment le club-house et son pro-shop où il est connu comme le loup blanc. C'est là qu'il choisit la plupart de ses vêtements — il repart le plus souvent sans rien acheter — dans un flot de bons mots et un débordement gestuel parfaitement contrôlé.

Il lui arrive de s'aventurer à l'improviste dans certains petits magasins qu'il apprécie afin de discuter une heure avec le patron.

Sa panoplie :
— chemisette couleur groseille Lacoste,
— bermuda à pinces violet de chez Daniel Hechter,
— pull violet à torsades Lacoste,
— chaussettes roses Burlington,
— chaussures bicolores blanc et marine Peter Fleming,
— visière Titleist,
— ceinture à motifs British House.

L'Esbroufeur

A la pointe de la mode, ce type de Golfeur estime que pour sortir vainqueur de n'importe quelle partie de golf, il suffit d'en imposer à ses adversaires. Pour cela, point de swing percutant ni de savantes tactiques, mais une tenue composée avec recherche et beaucoup d'argent, qui lui permettra de plastronner pendant des heures, quelques minutes étant aussi consacrées, malheureusement, aux pratiques golfiques.

Bariolé comme un roitelet huppé, l'Esbroufeur aurait tendance à confondre le jeu de golf avec une partie de poker tant il est obsédé par le bluff (c'est d'ailleurs une occupation à laquelle il excelle). Prompt à se mirer et à s'admirer, il ne peut être, bien évidemment, que sublime, surtout pour les néophytes.

On le rencontre généralement dans les magasins les plus chics.

Sa panoplie :
— chemisette rose pâle Hugo Boss,
— knickers écossais vert Le Comptoir du Golf,
— chaussettes montantes DD vertes,

— cardigan en alpaga rose fuchsia Old England,
— béret rose assorti,
— gant de cuir blanc Carven golf,
— chaussures cloutées Foot-joy bicolores,
— ceinture en cuir tressé Scapa of Scotland.

Madame au golf

On rencontre sur les greens beaucoup moins de femmes que d'hommes. Sans doute hésitent-elles à délaisser leur progéniture et les tâches du foyer, qui la plupart du temps leur incombent encore, pendant une bonne demi-journée.

Pour celles qui sont en vacances ou bénéficient des services d'un personnel de maison digne de confiance, le temps ne se compte pas. Alors pourquoi ne pas le passer au golf ? Il est après tout des occupations plus ennuyeuses !

Le premier charme du golf, c'est de s'acheter la tenue adéquate. La gent féminine ne se privera pas de choisir soigneusement la sienne, afin d'apparaître toujours à son avantage même si le jeu proprement dit (celui du golf) s'avère catastrophique. Il est toujours plus réconfortant de faire un air-shot au premier tee dans un ravissant bermuda rose assorti à un chemisier en coton nid d'abeilles-col tailleur-emmanchures américaines que dans un jean flasque et un banal T-shirt.

Mais définir les grandes tendances de la mode féminine golfique n'est pas chose aisée : il y a en effet autant de styles qu'il y a de Golfeuses. Plusieurs détails vestimentaires se retrouvent cependant :

— les femmes apprécient tout particulièrement la jupe-culotte, qui leur donne une allure impeccable sans être trop moulante et sans les placer à la merci du premier coup de vent venu.

— Si elles ont une silhouette irréprochable, elles pourront se permettre le bermuda, écossais ou uni, mais assez large pour ne pas gêner le mouvement.

— Revenant en force, les knickers, boutonnés sous le genou, attirent à coup sûr tous les regards.

— A proscrire : le short. Il est d'ailleurs interdit sur la plupart des parcours, et il serait catastrophique pour son image de marque de se voir publiquement rappeler à l'ordre.

— Le pantalon sera de préférence écossais (ça fait golf), ni trop serré (ça fait vulgaire), ni trop flottant (ça grossit).

Mme Ohya voit le swing en rose.
Photo Good Shot/Claude GRANVEAUD.

Pour le reste, suivant le courageux exemple de Mme Masako Ohya, célèbre et excentrique Japonaise passionnée de golf — accessoirement milliardaire —, il n'est qu'à adapter sa tenue à sa personnalité et à ses caprices du moment. Elle n'hésite pas, par exemple, à choisir des barboteuses à ramages rose et jaune, portées avec mini-robe assortie, la tenue étant complétée par des collants rose bonbon, un chapeau rose tyrien et des chaussures de tennis fuchsia. Bien sûr, elle joue avec des bois roses, qu'elle range soigneusement dans son sac de golf... rose. Son extravagance n'a d'égale que sa gentillesse : elle emporte toujours avec elle des cadeaux à distribuer. Bonne joueuse (handicap 24), on la voit — et on la détaille — sur les grands parcours du monde entier.

Nota : Il est déconseillé aux Golfeuses qui ne sont pas milliardaires de copier en tous points la tenue de Mme Ohya.

LES EXPRESSIONS À CONNAÎTRE... ... POUR AVOIR L'AIR DE S'Y CONNAÎTRE

Il existe de nombreux termes techniques que le Golfeur tente, avec plus ou moins de bonheur, de maîtriser. Utiliser quelques mots bien choisis permet d'être in, même lorsque la balle est régulièrement hors limites.

Air-shot : coup qui fouette l'air sans toucher la balle. Compte un coup normal.

Albatros : trou réalisé en trois coups au-dessous du par.

Approche : coup joué à faible distance du green.

Backspin : effet donné à la balle pour qu'elle ne roule pas quand elle touche le sol.

Birdie (= petit oiseau) : trou réalisé en un coup au-dessous du par.

Bogey : trou réalisé en un coup au-dessus du par.

Double-bogey : deux coups au-dessus du par.

Triple-bogey : trois coups au-dessus du par.

RAMAGE

Il est fort courant d'entendre la voix chaude et mélodieuse du Golfeur retentir agréablement tout au long du parcours qu'il s'efforce de maîtriser. Il émet en effet toutes sortes de vocalises selon son humeur et les circonstances de son avancée en direction du dix-huitième trou. Parfois gaies et légères. Parfois lugubres et funestes. Parfois vives et excitées. Il peut à l'occasion faire aussi entendre de désagréables

Chip : petit coup sec pour atteindre le green.

Eagle (= aigle) : trou réalisé en deux coups au-dessous du par.

Hook : balle se dirigeant nettement vers la gauche en fin de vol.

Impact : moment où le club entre en contact avec la balle.

Lie : 1) position de la balle sur le sol ; 2) angle formé par le sol et le manche du club.

Slice : balle se dirigeant nettement vers la droite en fin de vol.

Socket : coup manqué, la balle étant frappée par le talon ou le manche du club.

Topspin : effet donné à la balle pour qu'elle roule le plus possible après avoir touché le sol.

Handicap : nombre de points qu'un joueur amateur est autorisé à déduire de son score en fin de parcours. (Pour jouer sur certains golfs, surtout le week-end, il est préférable d'avoir un handicap de 24 pour un homme, 28 pour une femme.)

Scratch : classement correspondant à zéro de handicap, le joueur est donc censé faire le par sur dix-huit trous.

Match-play : formule de jeu où il n'est tenu compte que des trous gagnés par chaque joueur.

Medal-play : formule de jeu où tous les coups sont comptés, le gagnant étant le joueur qui a réalisé le score le plus bas.

Play-off : épreuve de barrage permettant de départager des joueurs terminant une compétition à égalité.

croassements ou encore les piaillements d'une volée de moineaux. Le Golfeur a un organe vocal magnifiquement développé. Il arrive d'ailleurs qu'il s'enivre tout seul de la perfection de son chant et qu'il passe de longues heures à s'écouter, recherchant, comme la plupart des oiseaux chanteurs, un promontoire pour faire bénéficier le plus grand nombre de ses roulades appuyées. (Cette caractéristique a été maintes fois constatée.)

Il faut, pour la pratique du golf, une grande humilité doublée d'une bonne technique, une concentration sans faille aux instants cruciaux et une capacité de relâchement au moment de rallier deux points de jeu. Malheureusement, l'objet de notre étude possède rarement toutes ces qualités. Aussi cherche-t-il souvent à se défouler par quelques trilles. Quoi de plus naturel, par exemple, que de s'interroger sur le choix d'un club ou l'appréciation d'une pente ? Il peut en la circonstance se faire conseiller par :

— un congénère ami, qui lui livrera avec la meilleure grâce (et force détails) le fond de sa pensée, ce qui ne manquera pas d'aboutir à quelques palabres brutalement conclues par deux ou trois mots bien sentis et un peu vifs.

Notons à ce sujet que malgré l'excellence des arguments présentés, le Golfeur indécis ne se privera pas d'envoyer sa balle dans le premier bunker venu, certainement un peu trop échauffé par la controverse. Il est également tout à fait intéressant de

constater que le congénère ami en question n'hésitera pas à abreuver son partenaire de ses conseils éclairés, même si ce dernier ne les a pas sollicités.
— Un caddy. Également appelé « cadet » par les personnes ayant

PARLONS-EN !

Sur les 6 000 m et plus d'un parcours, le Golfeur a le temps de discuter. Il lui sera utile de connaître les grands joueurs afin de faire quelques comparaisons judicieuses, quoique hors de propos, avec le style de ses camarades de club.

Severiano Ballesteros

Numéro un mondial d'après le *Sony World Ranking* — souvent contesté car il tient compte des résultats sur trois ans —, il est l'idole du plus grand nombre.
Venu au monde en 1957 dans une famille modeste mais tout imprégnée de golf (son père était jardinier au golf de Pedrena, son oncle se trouvait être le champion Ramon Sota et ses frères sont également devenus professionnels), le petit Espagnol a usé ses fonds de culottes sur les roughs, apprenant à manier un club dès sa plus tendre enfance.
Pour gagner sa vie, il devient caddy. En 1974, il passe professionnel après avoir disputé de petits tournois. En 1976, il a dix-neuf ans, il remporte l'Open de Hollande puis, à la surprise générale, le Trophée Lancôme à Saint-Nom-la-Bretèche. Cette victoire, disputée à Arnold Palmer, le propulse sur le devant de la scène où il accumule les succès. En 1979, à l'âge de vingt-deux ans, il remporte l'Open britannique dont il est le plus jeune vainqueur, et en 1980 le Masters ! La gloire ne l'a pas quitté au fil des années : il n'est qu'à voir les foules qui le suivent sur chaque parcours, où ses admirateurs s'enthousiasment pour ses coups de génie et son panache.
Le beau Severiano, dit Seve ou Sevvy, indépendamment de son talent, attendrit les cœurs les

quelque difficulté à maîtriser la langue anglaise, le caddy n'est pas un chariot à roulettes mais l'accompagnateur et le serviteur du Golfeur pour la modique somme de 30 F de l'heure (l'esclavage a été aboli par la Convention de 1794). Chargé (!) de transporter sur

plus secs : n'est-il pas amoureux depuis son adolescence d'une pauvre petite fille riche dont les parents s'opposaient à leur union ? De rendez-vous secrets en victoires sur les tournois majeurs, d'études brillantes pour elle en fortunes accumulées pour lui, les parents se sont laissé fléchir. Et Seve a épousé sa belle en décembre 88.

Ballesteros, beau comme une gravure de mode.
Good Shot/Ludovic AUBERT.

Sandy Lyle

Cet Écossais, né en 1958, est issu d'une famille de golfeurs pro. Troisième joueur mondial à l'automne 88, il a remporté deux titres du Grand Chelem, le British Open en 1985 et le Masters en 1988, sans parler de nombreuses autres rencontres, l'Open de France, le Lancôme ou la Ryder Cup. Professionnel depuis 1977, il joue régulièrement sur le circuit américain. Réputé pour son flegme et sa concentration à toute épreuve, il est surnommé « Droopy » et « Sleepy Sandy ». Sa faiblesse, avoue-t-il lui-même, ce sont les sorties de bunker, malgré celle, magistrale, qu'il fit au 18e trou d'Augusta, le dernier jour du Masters. Souvent en tête de la liste des gains, il a empoché plus de 2,5 millions de dollars depuis le début de sa

La mine boudeuse de Sandy Lyle.
Good Shot/Ludovic AUBERT.

6 km de terrain accidenté les 13 kg de l'équipement de son employeur, le caddy fait habituellement montre de stoïcisme et d'un solide bon sens, alors que son maître, lui, aurait des vues nettement plus idéalistes sur son niveau de jeu et le coup qu'il envisage de jouer.

carrière. Divorcé et père de deux enfants, il se plaint d'en reverser une bonne partie en pension alimentaire.

Greg Norman

Surnommé le Requin Blanc à cause de sa chevelure blonde et de sa rage de vaincre, il était classé n° 1 mondial depuis 1986. Né en Australie en 1955, il découvre le golf à l'âge de dix-sept ans alors qu'il accompagne sa mère sur un parcours. Agacé de la voir rater un coup, il saisit un club et tente sa chance. La passion du jeu ne l'a pas quitté depuis, alimentée par les explications d'un certain Jack Nicklaus dont il s'est empressé d'acheter les livres.

Quatre ans plus tard, il est professionnel et gagne plusieurs tournois ! En 1984, il termine deuxième à l'U.S. Open et en 1986 remporte le British Open. Mais la même année, une mésaventure rare lui sape le moral : durant le championnat de l'U.S.P.G.A., Bob Tway le prive de la victoire en réussissant au dernier trou une magistrale sortie de bunker contre toute attente, drame qui se répète l'année suivante au Masters avec Larry Mize. Pourtant, il garde un moral de vainqueur et envisage toujours de réussir le Grand Chelem, les quatre tournois majeurs remportés la même année. Ses atouts ? Une incroyable puissance, un effet rétro parfaitement maîtrisé et une véritable passion pour le golf, qu'il fait partager à sa femme et à ses deux enfants.

Greg Norman : le Requin blanc, a aussi un regard d'aigle. Good Shot/Ludovic AUBERT.

Ce couple don-quichottesque ne laisse pas d'intriguer le badaud par ses rapports ambigus, parfois orageux, où chacun, à tour de rôle, exerce une domination quelque peu tyrannique sur son contradicteur. Il a d'ailleurs été observé que plus le niveau du Golfeur est déplorable, plus ses rapports avec son caddy sont empreints de perversité. Ce dernier, pourtant, est souvent un fin tacticien, qui se doit d'aider son employeur à « lire » un parcours ou choisir un club, ce qu'il fait d'ailleurs fort bien. Las ! Foin de conseils avisés et de longues tergiversations, le Golfeur envoie justement sa balle à l'endroit que son caddy lui a demandé d'éviter. Les voies du green sont décidément impénétrables.

Il est encore une fois curieux de constater que le Golfeur passera facilement une dizaine de minutes à discuter avec le plus grand sérieux du choix de son club, de la force du vent, de sa direction — jetant au besoin en l'air quelques brins d'herbe —, s'accroupissant, voire s'allongeant derrière sa balle pour juger des aspérités du terrain, pour finalement, en l'espace de cinq secondes, rater son coup.

Que le Golfeur se soit adressé à son partenaire ou à son caddy, il s'ensuit de toute façon une âpre discussion que la bienséance nous interdit de reproduire ici mais que la pudeur naturelle du Golfeur, à son tour offensée, a tôt fait d'interrompre. Après tout, ne sommes-nous pas entre gens de bonne compagnie ?

Lorsque le malheureux Golfeur ne daigne pas souscrire aux différents avis dont il est accablé, ou lorsqu'il lui arrive de jouer avec des muets, il ne peut trouver d'autre responsable que lui-même à la médiocrité de sa technique et à la déficience de son jugement. L'autopunition qui ponctuera alors chacune de ses maladresses consistera, suivant le degré de faiblesse de son coup et son propre état d'exaspération, en :

— une volée d'injures grommelées entre les dents,
— un hurlement libérateur,
— un coup adroitement porté au mollet avec le club finalement sélectionné,
— un habile lancer de cet instrument à la façon du javelot.

Il va de soi que ces petits écarts, toujours de bon goût et aisément compréhensibles, ne peuvent en rien compromettre la réputation d'élégance et de délicatesse qui caractérise les adeptes des greens.

Le Golfeur devant stoïquement attendre son tour pour jouer sa balle, on le trouve la plupart du temps en train de patienter, conversant agréablement avec ses semblables, nonchalamment appuyé sur un club, ce qui, aime-t-il à penser, lui donne une allure très distinguée. Lorsqu'il a exprimé ses impressions personnelles quant au jeu de ses partenaires, il lui arrive de s'étendre sur les mérites comparés des différents clubs dont ils sont munis. Qu'importe de ne savoir s'en servir, l'important est de savoir en parler. Pour cela, aucun doute, le Golfeur est un expert. Avec quelle maestria

TO PUTT OR NOT TO PUTT ?

Au Québec, utiliser à tout propos, voire hors de propos, la langue de Shakespeare et de l'oncle Sam n'est pas très valorisant. Voici donc un petit lexique à l'usage des Golfeurs français se couvrant de ridicule en estropiant régulièrement des termes de golf dont ils ont bien du mal à retenir la prononciation. Pourquoi faire compliqué quand on peut faire simple ?

— *Le green : le vert.* Tout dommage fait par la balle sur le vert doit être réparé.

— *Le rough : l'herbe épaisse, ou les herbes folles.* Il est très frustrant de voir la balle s'enfoncer dans l'herbe épaisse.

— *Le fairway : l'allée.* Certaines allées sont plus larges que d'autres.

— *Un bunker : une trappe de sable.* (Trappe, formant le mot trappeur, a ici le sens de piège. Le terme américain est d'ailleurs sand-trap.)

— *Un club : un bâton.* Le joueur doit commencer une tournée conventionnelle avec un maximum de quatorze bâtons. Le bâton de golf est composé d'une tige et d'une tête.
(Tour conventionnel : tournée conventionnelle.)

— *Le grip : la poignée.*

— *Un putt : un coup roulé.*

il dissertera sur les avantages et les inconvénients des rainures carrées, la vitesse de la tête et le transfert d'énergie à l'impact, le dessin incurvé de la semelle et le centre de gravité surbaissé, le coefficient de précision et la légèreté du manche, la surface exposée à la balle et la vitesse d'évacuation d'eau... ! L'énergie dépensée à débattre des mérites des têtes en graphite ou en carbone, en attendant l'arrivée sur le marché français des manches en titane, le laissera tremblant d'émotion.

Comme il est anglophile et — du moins il a la faiblesse de le croire — anglophone, il n'hésitera pas à mentionner le feeling que donne un club avec une certaine softness et le loft de certains fers qu'il affectionne.

Lorsque les agréments de la conversation technologico-comparative auront été épuisés, le Golfeur restera généralement muet de longues minutes, évaluant en secret le coût total des cinq fers et trois bois de son partenaire, sans oublier son sandwedge, son pitching-wedge, son putter et son sac Vinci en cuir vert. Cette réaction est tout à fait courante et ne signale ni un état de fatigue extrême chez le sujet, ni une déshydratation avancée de la muqueuse buccale.

Ardent défenseur du fair-play (c'est ainsi qu'il aime à s'imaginer), le Golfeur aura soin de retrouver un filet de voix pour complimenter son adversaire sur un drive parfait (« Votre meilleur bois depuis longtemps ! ») ou un putt enquillé (« Excellent ! »). Cette pratique n'a aucun inconvénient et au moins deux avantages :

— *Putter : faire un coup roulé.* Il faut étudier le vert avant de faire un coup roulé.

— *Le swing : l'élan.* Un bon élan n'implique pas forcément un bon score.

— *Le drive : le coup de départ.* Il est primordial d'élaborer une stratégie avant le coup de départ.

— *Dropper : laisser tomber.* Le joueur doit laisser tomber sa balle aussi près que possible de l'endroit où elle reposait.

— *Threesome : partie à trois joueurs.*

— *Foursome : partie à quatre joueurs.*

— *Match-play : partie par trous.*

— *Stroke-play : partie par coups.*

1) souligner que le complimenteur a reçu une bonne éducation, 2) considérablement agacer son adversaire, dont la main se crispera toujours un peu plus sur son club.

Ces deux raisons extrêmement valables inciteront le Golfeur à faire naturellement preuve de fair-play.

Pour ne pas paraître ignare, il est nécessaire de connaître, outre les caractéristiques des différents clubs sur le marché, les grands champions qui sont les chefs de file et les modèles de la vaste communauté des Golfeurs à travers le monde. Les voir à l'œuvre est un événement mondain qui suscite une forte affluence à Chantilly ou à Saint-Nom-la-Bretèche — tous les amoureux du golf en France, quoique fort aisés et pour la plupart jet-setters, n'ont pas forcément la chance de les voir évoluer à Muirfield ou à Augusta. Autour des greens se presse alors une foule élégante et à peine murmurante, n'osant toussoter ni soupirer tant est fragile la concentration du champion et considérable la somme gagnée sur un simple putt. Applaudissant discrètement mais chaleureusement une bonne approche, faisant remarquer dans un souffle à un voisin serré contre son dos l'effet slicé d'un drive, le Golfeur est généralement d'excellente humeur lorsqu'il suit une partie à laquelle il ne prend pas part tout en ayant la possibilité, au moment opportun, de faire étalage de son érudition. S'il n'est pas encore au fait des subtilités de la technique golfique, il se contentera d'approuver ostensiblement les réflexions de ses voisins d'un signe de tête appuyé, lançant à l'unisson un « oh » de dépit ou un « ah » d'admiration suivant la réaction du plus grand nombre. L'essentiel, après tout, n'est-il pas de voir et d'être vu ?

A cet effet, une invitation à déjeuner au « Village » où les sponsors reçoivent leurs invités de marque est tout aussi valorisante pour l'ego du Golfeur qu'une belle performance sur les links. Il n'est d'ailleurs même pas besoin de savoir manier un club pour apprécier à sa juste valeur ce genre de réception mondaine où l'on côtoie, dans une atmosphère à la fois chaleureuse et raffinée, les grands de l'industrie et les stars des médias. A preuve cette conversation, surprise au bord du green du 18 de Saint-Nom-la-Bretèche entre une jeune femme en tailleur écossais et un jeune homme pantalon/chemisette/pull en cachemire.

— Vous Marie-Laure ? Alors... Golfeuse ?
— Moi ? Pas du tout. J'étais invitée au déjeuner Lancôme, comme tout le monde.

Le Golfeur — même en puissance —, s'il adore faire illusion en certaines circonstances, ne déteste pas non plus impressionner par une franchise un peu brusque, surtout si elle ne le dessert en aucune façon.

A cette seule fin d'impressionner, le pratiquant confirmé, et même néophyte, aura avantage à utiliser quelques expressions argotiques, qu'il glissera tout innocemment dans la conversation d'après compétition. C'est en effet à cette condition, alors qu'il boira un verre dans l'enceinte protégée du club-house, que sa prestation prendra toute sa valeur, exaltée et embellie par la magie du verbe — en l'occurrence un jargon encore plus valorisant s'il est incompris même des initiés. L'alcool aidant, il ne sera pas difficile de magnifier les joies et les douleurs du parcours qui vient de s'achever dans des tirades aux accents homériques.

Quoi qu'on en dise, le Golfeur n'est pas hostile à une certaine convivialité. Il recherche même la compagnie de ses semblables une fois la compétition terminée, montrant à cet instant quelques analogies saisissantes avec le joueur de pétanque.

PRINCIPALES ANALOGIES
ENTRE LE GOLFEUR ET LE JOUEUR DE PÉTANQUE

Le Joueur de pétanque	**Le Golfeur**
A Consacre plusieurs heures d'affilée à une partie animée, menée avec sérieux.	**A** Consacre plusieures heures d'affilée à une partie sérieuse, menée avec animation.
B Rendez-vous au bistrot du coin.	**B** Get-together sous les lambris du club-house.
C Absorption d'un (ou plusieurs) verre(s) de pastis.	**C** Absorption d'un (ou plusieurs) verre(s) de scotch.
D Discussion truculente et animée truffée de galéjades et d'exagérations.	**D** Échange de vues passionné et parsemé de grands emportements lyriques.
E. La journée se conclut par une partie de belote.	**E** La journée se conclut par une partie de bridge.

Jouer au golf ou tout simplement fréquenter ces êtres subtils à la froide cérébralité est un plus indéniable dans le monde des affaires, où l'on est toujours en quête à la fois d'une bonne image de marque et de nouvelles relations haut placées. « A 24 de handicap, surveille ton grip, à 10, surveille ta femme, à 0, surveille tes affaires », conseille un dicton célèbre chez les Golfeurs.

Aux États-Unis, il est presque obligatoire pour un ingénieur d'affaires ou un P.-D.G. d'entreprise de prendre des leçons de golf, d'autant qu'on n'a pas encore trouvé de meilleur moyen pour travailler au corps un futur partenaire pendant quatre heures d'affilée. Des stages express sont organisés pour l'apprentissage du jeu, enseignant, en même temps que les règles de l'étiquette, quand et comment parler business. Et la traditionnelle poignée de main au sortir du dix-huitième trou conclut non seulement une agréable partie, mais aussi parfois un juteux contrat.

« J'ai fait des essais et les résultats sont pratiquement toujours identiques. Quand je joue avec des gens que je ne connais pas

RESTONS SIMPLES !

L'usage de quelques termes hauts en couleurs, voire osés, sur le parcours puis lorsqu'il est décortiqué de retour au club-house peut considérablement améliorer l'image de marque du Golfeur.

— *Ace* : terme américain désignant un trou en un. La perfection, comme au tennis.

— *Bouse* : désigne, dans certaines régions de montagne à vache, la tranche de gazon arrachée du sol au moment de l'impact, habituellement appelée divot.

Ex. : « Charles, n'oubliez pas de ramasser votre bouse ! »

Cette même tranche de gazon est également appelée *bifteck* et *escalope*.

— *Chachi* : terme évocateur utilisé au Pays basque pour désigner le rough.

— *Chandelle* : balle qui s'élève

presque à la verticale et retombe à proximité.

— *Clean* : une balle très clean est une balle impeccablement frappée.

— *Enquiller un putt* : faire entrer la balle dans le trou au putting.

— *Fore !* : interjonction destinée à avertir les joueurs qui précèdent qu'une balle va tomber près d'eux.

— *Laboureur* : joueur débutant, enclin à faire quelques sillons inopinés.

— *Passer par l'entrée des fournisseurs (backdoor shot)* : faire entrer la balle dans le trou en passant par l'arrière.

— *Pitch* : trou fait par la balle en tombant sur le gazon.

— *Sweet spot* : endroit de contact idéal avec la balle sur la face du club.

— *Yip* : angoisse au moment du putting, provoquant un mouvement heurté.

— *Le dix-neuvième trou* : halte traditionnelle au bar du club-house lorsque le parcours est terminé.

trop, c'est toujours aux alentours du neuvième trou qu'on me fait des propositions ou bien charitables ou bien financières. » C'est ce qu'expliquait à ses partenaires de golf et amis un certain Rockefeller, proie tout indiquée pour des vautours venus sur les greens parés des plumes du paon.

Le golf devient parfois aussi en France l'annexe du bureau : on y apporte ses dossiers et l'on y déploie une stratégie habilement élaborée à l'avance avec des collaborateurs plus préoccupés du succès de la mission en question que de la technique golfique de leur asso-

cié. Ce dernier, troublé par la perspective d'une intéressante opération financière, suivra distraitement sa balle lorsqu'elle entrera enfin dans le trou à son quatrième putt. Le golf n'est-il pas pour un nombre non négligeable d'opportunistes une façon de pénétrer l'intimité de personnages influents sans avoir à souffrir du traditionnel barrage de leur secrétaire ? Certains Golfeurs osent même affirmer, trouvant l'alibi commode, qu'ils partent travailler lorsqu'ils se rendent en frétillant au golf de Saint-Nom ou de Saint-Cloud... O tempora, o mores !

Quoi qu'il en soit, parler d'argent à un Golfeur ne le déconcertera en aucune façon. C'est une occupation à laquelle il s'adonne volontiers lorsqu'il est contraint par les impératifs de la vie en société de déserter les parcours de golf. Aussi envisagera-t-il avec volupté de pimenter son occupation favorite en engageant quelques paris sur ses performances escomptées. Les sommes ainsi mises en jeu sur un seul trou sont parfois ahurissantes, surtout pour le caddy*.

* Les caddies des grands champions sont bien sûr mieux lotis. En partie amicale, les émoluments du caddy peuvent varier, pour un parcours, de 100 F... à l'infini. Comme les étrennes des concierges.

BONNES ADRESSES

Les adeptes des greens aiment se fournir dans les pro-shops qui se trouvent dans l'enceinte même de leur club. Il existe aussi de bonnes boutiques en ville pour l'achat de clubs, vêtements et gadgets divers. Voici quelques adresses parmi beaucoup d'autres :

Golf and Green
Trade Mart W. Aix 461
B-1020 Bruxelles
(024) 79 21 14

Royal Golf and Sport
Galerie Louise
Avenue Louise 279
B-1050 Bruxelles
(026) 46 01 83

The Golf Story & Co.
Rue Roosendael 125
B-1190 Bruxelles
(023) 47 48 73

Golf Leader
Chaussée de Waterloo 825
B-1180 Bruxelles
(023) 74 23 61

The World of Golf
Rue J.-Jordaens 33
B 1050 Bruxelles
(026) 47 54 24

Eagle One
Boulevard Frankignoul 3 A
B-4020 Liège
(041) 41 55 50

Fairplay Country and Golf
Grote Markt 16
B-9500 Kortrijk
(027) 62 47 69

Charles Sports
23, quai des Bergues
1200 Genève
(22) 31 59 60

Pesko Sports
Voie principale A 56
7078 Lenzerheide
(81) 34 47 47

Tunmer
5, place Saint-Augustin
75008 Paris
(1) 45 22 75 80

9/18
87, av. Niel
75017 Paris
(1) 42 67 44 81

Au Comptoir du Golf, 2000 clubs vendus à l'unité.

American Golf
14, rue du Regard
75006 Paris
(1) 45 49 39 63

Birdie
78, rue Boissière
75016 Paris
(1) 45 00 90 42

Le Comptoir du Golf
22, av. de la Grande-Armée
75017 Paris
(1) 43 80 15 00

Golf Plus
212, bd Pereire
75017 Paris
(1) 45 74 08 17

115, rue de Buzenval
92380 Garches
47 95 18 17

Air Shot
10, rue Faidherbe
75011 Paris
(1) 40 09 07 00

Lothar Sanford
65, rue Labrouste
75015 Paris
(1) 45 31 57 05

La Main qui passe
26, rue Pierre-Demours
75017 Paris
(1) 42 27 76 59

Espace Golf Boutique
45, rue Gutenberg
75015 Paris
(1) 45 77 56 39

Go Sport les Halles
1, rue Pierre-Lescot
75001 Paris
(1) 45 08 02 77

Galeries Lafayette Sport
40, bd Haussmann
75009 Paris
(1) 42 82 30 49

Peggotty
Les Planches
14800 Deauville
31 98 22 33

Saint Andrews
12, rue Saint-François
29000 Quimper
98 95 94 79

Boutique du Golf
43, place Gambetta
33000 Bordeaux
56 81 71 56

HB Golf
16, rue Montpensier
64000 Pau
59 27 84 11

West Golf
R.N. 10
40230 St-Vincent-de-Tyrosse
58 77 34 13

Pitch and Putt
138, rue Paradis
13006 Marseille
91 53 12 33

Collectif
5, rue Jean-Pégot
31800 St-Gaudens
76 52 07 40

La Maison du Golf
21, rue Ozenne
31000 Toulouse
61 55 38 22

Palm Golf
36, boulevard Raimbaldi
06000 Nice
93 62 22 29

Golf Plus
131, rue d'Antibes
06400 Cannes
93 68 04 85

Pour cultiver le look golf :

Aux Laines Écossaises
181, bd Saint-Germain
75007 Paris
(1) 45 48 53 41

Burberrys
8, bd Malesherbes
75008 Paris
(1) 42 66 13 01

Lacoste
92, avenue Victor-Hugo
75016 Paris
(1) 45 53 39 49

Cashmere House
2, rue d'Aguesseau
75008 Paris
(1) 42 65 42 61

Scotch House
56, rue de Passy
75016 Paris
(1) 42 88 88 24

Old England
12, boulevard des Capucines
75009 Paris
(1) 47 42 81 99

Ralph Lauren
2, place de la Madeleine
75008 Paris
(1) 42 86 90 83

Scapa of Scotland
71, rue des Saints-Pères
75006 Paris
(1) 45 48 99 44

British House
162, rue du Faubourg-Saint-Honoré
75008 Paris
(1) 42 56 37 42

Interchasse
12, rue de Presbourg
75016 Paris
(1) 45 00 04 34

Daniel Hechter
146, bd Saint-Germain
75006 Paris
(1) 43 26 96 36

Carven
6, Rond-Point
des Champs-Élysées
75008 Paris
(1) 43 59 17 52

Abimode
54, avenue Victor-Hugo
75016 Paris
(1) 45 01 96 15

Hémisphères
1, boulevard Émile-Augier
75016 Paris
(1) 42 88 10 64

Piccadilly
48, rue de la République
69002 Lyon
78 42 18 50

Citons : Foot-Joy (la plus utilisée par les pros américains), 3, boulevard Ney, 75018 Paris. Peter Fleming. Burberrys. Okespor. Soubirac. Daniel's.

Pour les chaussures, il est possible d'avoir du cousu main chez :

Mercadal
3, place des Victoires
75001 Paris
(1) 42 33 86 22

Et du sur mesure chez :

Josia Fayot
9, rue Émile-Landrin
75020 Paris
(1) 47 97 98 71

Pour transformer une bonne paire de chaussures en cuir (homme ou femme) en chaussures de golf :

Vaneau
44, rue Vaneau
75007 Paris
(1) 42 22 06 94

CHAPITRE IV

MANIES ET

SUPERSTITIONS

Le Golfeur, s'il est en société un être affable et charmant, révèle, lorsqu'on l'étudie sur un parcours de golf, des troubles aigus du comportement qui confinent à la névrose et ne sont pas sans danger pour sa santé physique et mentale.

On a pu souvent l'observer, en effet, se livrant à des pratiques qui frappent le commun des mortels par leur absurdité.

N'oublions pas que le Golfeur est constamment en proie à une idée fixe : golfer. Son goût excessif et pathologique pour cette activité fait naître chez lui une tension anxieuse qui doit bien trouver un exutoire d'une façon ou d'une autre.

Le Dr Zcratch a répertorié la plupart de ces comportements propres au Golfeur : certains sont tout à fait irrationnels, d'autres tentent de mettre en œuvre des puissances occultes. Voici exposés ici quelques exemples parmi les plus représentatifs.

COMPORTEMENT NORMAL D'UN ÊTRE HUMAIN ORDINAIRE	COMPORTEMENT NÉVROTIQUE DU GOLFEUR
En cas de pluie, l'être humain ordinaire restera chez lui ou, s'il est déjà sorti, courra se mettre à l'abri en courbant l'échine.	***En cas de pluie***, le Golfeur sortira tout imperméabilisé du club-house et marchera d'un pas conquérant jusqu'au premier tee, portant fièrement son attirail sur l'épaule.
Si la pluie redouble, il se renfrognera et pestera contre les parapluies qui menacent de l'éborgner et la boue qui macule ses souliers.	***Si la pluie redouble***, il fera son parcours sans s'émouvoir, à l'abri d'un gigantesque parapluie, qu'il plantera soigneusement dans l'herbe (jamais sur le green !) au moment de jouer son coup.
En cas de grand vent, il rasera les murs pour éviter que des projectiles inopinés ne lui tombent sur la tête.	***En cas de grand vent***, il projettera sans sourciller une petite balle de 45 g en direction d'un drapeau situé à 400 m.
En cas de neige, il fréquentera les stations de sports d'hiver, où il s'adonnera aux joies de la glisse et de la tartiflette.	***En cas de neige***, il fréquentera assidûment le practice couvert le plus proche de son domicile pour ne pas perdre ses sensations et améliorer son swing grâce à un miroir placé en face de lui.

Ces quelques exemples météorologiques montrent à quel point le comportement du Golfeur diffère de celui habituellement remarqué sous nos latitudes.

ACCESSOIRES DONT LE GOLFEUR AIME SE MUNIR EN CAS DE PLUIE

1 — Parapluie à larges rayures, souvent publicitaire, qui pèse à lui seul aussi lourd qu'un âne mort.

2 — Bottes, pour protéger efficacement les pieds et le pantalon du Golfeur contre la rosée et les averses. A crampons, elles seront

Swinging in the rain avec Golf Plus.

de préférence ultra-légères (la botte Soubirac ne pèse que 380 g) et souvent habillées de tissu nylon écossais.

3 — Serviettes-éponges pour essuyer délicatement les clubs et les balles.

4 — Bob imperméabilisé.

5 — Veste et pantalon assortis (la jupe est parfois en option pour les femmes), aux propriétés tout à fait remarquables :

— imperméabilité (ils empêchent que le Golfeur ne soit trempé comme une soupe) ;
— respiration (ils laissent s'évaporer à l'extérieur une éventuelle transpiration) ;
— silence (ces vêtements ne font aucun bruit afin de ne pas gêner la concentration du joueur, même quand il pleut des cordes) ;
— légèreté (le Golfeur doit déjà traîner son sac de clubs et son parapluie et ne peut sous aucun prétexte être transformé en bête de somme).

6 — Gants de rechange pour un bon contact avec le club.

Étant le fer de lance d'une nouvelle génération, l'adepte des greens bénéficie tout naturellement des progrès de la science et des nouvelles technologies : polyester et polyuréthanne, microfibres avec enduction microporeuse, tissu complexé par collage à un film microporeux... Tactel, Bretex, Goretex, Flemingtex, Polyflex, Microft, Vent-Air sont autant de matières commercialisées par de grandes marques.

La chaussure-botte Soubirac.

ERRANCES GOLFICO-OBSESSIONNELLES

Lorsqu'il se trouve sur son territoire, le Golfeur présente à intervalles réguliers des troubles du comportement qui sont sans réel danger pour sa santé mentale, mais influent douloureusement sur sa fraîcheur physique du lendemain. Nous avons vu les risques qu'il courait en s'acharnant à golfer en toute saison (coryza et coryza spasmodique notamment). Il est également reconnu que l'adepte des greens souffre régulièrement de courbatures, surtout après avoir été longtemps privé de son occupation favorite et s'en être donné à cœur joie pendant toute une journée. Et s'il se réveille au lendemain d'une bonne partie de golf en gémissant, les membres endoloris, c'est pour une excellente raison : il passe un temps non négligeable à jardiner (18,58 %)!

Examinons comment s'opère cet intéressant phénomène. Dès qu'il arrive sur les verdoyantes étendues qui s'offrent à lui, cet être d'une amabilité et d'une distinction parfaites semble soudain saisi d'une telle frénésie de golfer qu'il se transforme sur-le-champ en véritable barbare. Voici en effet ce digne héritier d'Attila (après le passage d'une horde de Golfeurs, l'herbe ne repousse jamais !) prenant un plaisir féroce à saccager avec la dernière vigueur la douce verdure qui fut l'objet de tant de soins patients et intéressés : martelant de ses souliers à crampons les tendres graminées, piétinant rageusement les bunkers, faisant zigzaguer son chariot dans les jeunes arbustes, arrachant sauvagement avec la tête de son club une belle tranche de gazon, projetant violemment sa balle sur l'herbe innocente où elle rebondit sournoisement... bref, laissant derrière lui un spectacle de désolation !

L'ÉTIQUETTE

Respecter et le terrain et ses adversaires, cela était déjà précisé sur le premier livre des Honorables Golfeurs d'Edimbourg. Bref, faire preuve de courtoisie et d'une parfaite éducation.

1) Replacer les divots en appuyant légèrement pour faire reprendre le gazon arraché.

2) Réparer les pitches (petits trous causés par la chute de la balle) et les marques de clous.

3) Ratisser les bunkers.

4) Prendre soin de ne pas abîmer le trou en enlevant et remettant le drapeau et en sortant la balle.

5) Un joueur isolé laissera passer toutes les autres parties et les parties à deux joueurs auront la priorité sur les autres.

6) Si une balle est perdue, le joueur (ou groupe de joueurs) laissera passer la partie suivante.

7) Respecter la progression naturelle du parcours et ne pas choisir un trou ou un autre selon son bon plaisir.

8) Chariots proscrits dans les bunkers, sur les tees de départ et les greens.

9) Ne pas traîner pour jouer son coup, et marquer si possible son score au départ du trou suivant.

10) Ne pas gêner un joueur à l'adresse en restant trop près de lui ou en faisant des commentaires bruyants.

QUAND ON SÈME, C'EST POUR LA VIE

Les parcours de golf nécessitent des soins nombreux et réguliers, surtout les parties plantées de gazon et plus spécialement les greens. Les Britanniques ont d'ailleurs une recette infaillible pour avoir des greens magnifiques :
« C'est très simple, on sème, on tond, on roule, et on attend une bonne centaine d'années. » Sans oublier d'arroser.

D'après le *New York Times*, il faut déverser chaque semaine sur un parcours de golf 4 millions et demi de litres d'eau : la quantité nécessaire à la production de plus de 200 t de papier journal ou de quoi remplir à ras bord quatre piscines olympiques.

Cela équivaut aussi à tirer 143 000 fois la chasse d'eau !

Est-ce le remords ? Un irrépressible sentiment de culpabilité ? L'odoriférante prairie qui l'émeut ? Est-ce la nostalgie d'un Paradis perdu qui saisit cette âme noble et généreuse ? Le voici à présent dans l'attitude auguste du cultivateur, plié sur les végétaux, marchant le dos courbé et le regard scrutateur afin de retrouver et réparer les dévastations dont il s'est montré coupable. La tranche de gazon est localisée, rapportée avec précaution et remise en place avec un tapotement amical ; les empreintes des crampons et de la balle affectueusement aplanies ; le sable creusé et malmené dans les bunkers soigneusement ratissé... Avant qu'il ne recommence au trou suivant ses honteux égarements.

Ces revirements encore inexpliqués sont à l'opposé du comportement habituel du Golfeur. Celui-ci est en effet un être farouche et d'une parfaite correction. Voyant par exemple apparaître au loin certains de ses congénères munis de clubs, il se tiendra toujours à distance respectueuse, se cachant même parfois dans un fourré pour les laisser passer.

INFLUENCE DE CERTAINS OBJETS DE CULTE SUR LE GOLFEUR

L'adepte des greens, alors qu'il se trouve sur un parcours, peut la plupart du temps être aperçu en possession d'une multitude d'objets hétéroclites auxquels il semble attacher une importance démesurée et sur lesquels il veille avec un soin jaloux.

Observons par exemple les rapports privilégiés qu'il entretient avec son sac de clubs. Habituellement d'un beau cuir lisse et brillant (ou d'une belle imitation), ou bien prenant la forme d'un chariot souvent électrifié, il contient une dizaine de clubs (jamais plus de quatorze) nommés « bois » ou « fers ». Le goût déraisonnable du Golfeur pour ces sortes de canne auxquelles l'être humain ordinaire ne jetterait pas un regard se manifeste par de touchantes attentions qui, d'après le Dr Zcratch, ne sont pas sans évoquer celles que prodigue la mère à son jeune enfant. De jardinier, le Golfeur se transformerait presque, à présent, en jardinière d'enfants. Il n'hésitera pas, par exemple, pour protéger leur tête, à leur acheter (ou à leur tricoter !) de ravissants bonnets de laine de différentes formes et couleurs, et ne les laissera jamais sortir sans qu'ils en soient munis. Après avoir donné un violent coup de club, il en scrutera anxieusement la tête afin de s'assurer qu'aucune bosse ni égratignure ne la défigure.

Sacs Polymark.

Si par mégarde il s'éloigne un peu trop de son attirail pour putter, il reviendra affolé, au pas de course, vérifier que tous ses clubs sont bien là. (*Nota* : D'après le Dr Zcratch, la vitesse de déplacement du Golfeur est directement proportionnelle à la somme déboursée pour l'achat de ses clubs.) Ce comportement rituel, source d'essoufflement pour le Golfeur et de quolibets pour le badaud, est éminemment symptomatique de troubles golfico-névrotiques causés par une véritable vénération pour certains objets inanimés. Celle-ci ressemble d'ailleurs étrangement à la fascination qu'exerce la plume de casoar sur les Papous de Nouvelle-Guinée.

Afin de chasser les importuns et de manifester symboliquement que les clubs contenus dans son sac sont tabous pour autrui, le Golfeur aura recours à certains artifices : il donnera par exemple aux capuchons protégeant la tête de ses clubs des formes terrifiantes qui, en plus de la frayeur qu'elles inspirent naturellement, témoigneront sans contestation possible qu'ils sont soustraits à l'usage commun : tête de lion, de crocodile, d'ours, de requin... (également en vente dans toutes les bonnes boutiques). N'ayant qu'une confiance limitée en l'efficacité de ses tricots, il reviendra néanmoins au plus vite dans leur périphérie pour juger de leurs pouvoirs.

LES CLUBS

Pour surmonter toutes les embûches d'un parcours, le joueur doit choisir parmi ses clubs (quatorze au maximum, quatre bois et dix fers) celui qui lui permettra d'exécuter le meilleur coup.

Les bois

(réservés aux longues distances)
— bois 1 (ou drive) : utilisé au départ des trous longs, portée 230 m.
— bois 3 : portée 200 m.
— bois 4 : pour une trajectoire plus haute, portée 180 m.
— bois 5 : pour une trajectoire plus haute, portée 160 m.

Les fers

— fer 3 : portée 170 m.
— fer 4 : portée 160 m.
— fer 5 : portée 150 m.
— fer 6 : portée 140 m.
— fer 7 : portée 130 m.
— fer 8 : portée 120 m.
— fer 9 : portée 110 m.
— pitching wedge : pour des coups inférieurs à 100 m, facilite l'approche du green,
— sandwedge : pour sortir des bunkers,
— putter : pour jouer sur le green.

Ceci représente une série classique de quatorze clubs. Le débutant peut utiliser une demi-série.

JEUX ET GADGETS

Pyramide
97, rue de Courcelles
75017 Paris
(1) 46 22 14 36

Link
252, rue de Vaugirard
75015 Paris
(1) 45 31 00 22

La Gadgetière
1, place Pierre-Brisson
75016 Paris
(1) 47 20 52 20

Drugstore Publicis
133, avenue des Champs-Élysées
75008 Paris
(1) 47 23 54 34

Thominet Jouets
100, avenue Victor-Hugo
75016 Paris
(1) 45 53 11 73

Ouvre-bouteille Golf Plus.

Protège-clubs fétiches de chez Golf Plus.

Au Train Bleu
2, avenue Mozart
75016 Paris
(1) 42 88 34 70

Au Bon Marché
22, rue de Sèvres
75006 Paris
(1) 45 49 21 22

Galeries Lafayette
40, boulevard Haussmann
75009 Paris
(1) 42 82 34 56

Printemps
64, boulevard Haussmann
75009 Paris
(1) 42 82 50 00

RITES MAGIQUES

Depuis quelques années, les études se sont multipliées sur le Golfeur. Bien qu'il reste encore fort mystérieux, les chercheurs sont parvenus à des conclusions particulièrement intéressantes. Nous savons par exemple avec certitude que cet esprit rationnel n'hésite pas, afin d'influencer en sa faveur la trajectoire capricieuse de sa balle, à se livrer régulièrement à des pratiques magiques !

Objet de tous ses soucis, gâchant ce qui devrait être une agréable promenade dans la nature, la balle de golf s'immobilise rarement à l'endroit préalablement choisi par celui qui tente de la manœuvrer. Le narguant dans un bunker alors qu'il la croyait confortablement installée sur le green, disparaissant dans les fourrés ou dans les pièces d'eau, frémissant au bord du trou mais répugnant à y entrer, la balle suscite chez le Golfeur un sentiment de frustration qui peut l'amener, dans certains cas extrêmes, jusqu'à la folie. La plupart du temps, il sombre seulement dans une agressivité de mauvais aloi puis finit par se reprendre et se tourne alors vers le dernier espoir qui lui reste : la magie. Signalons que celle-ci se limite aux parcours de golf et qu'en société l'adepte des greens redevient ce qu'il est : le plus beau fleuron de notre civilisation matérialiste.

Pour attirer sur lui la chance et la fortune, le Golfeur a recours à :

a) *L'incantation.*

Chaque fois qu'il s'approche de sa balle, que ce soit sur le tee de départ ou au fur et à mesure qu'il avance sur le parcours, le Golfeur se recueille et, les yeux mi-clos, se met à marmonner. Les paroles qu'il prononce à ce moment-là frappent le commun des mortels par leur caractère sacré et hermétique, et sont à l'évidence des formules incantatoires destinées à s'attirer la réussite sur le coup à jouer.

Dans un souffle émanant du tréfonds de son être, il psalmodie des mots sans suite qui semblent errer un instant sur les greens et les bunkers avant de se fondre dans l'infini. « Trois... ou cinq... ? » « Slice... ou hook... ? » « Bois... ou fer ? » Le visage calme et méditatif du Golfeur laisse parfois transparaître un sentiment d'angoisse, et on peut alors apercevoir au coin de ses lèvres un léger rictus nerveux.

b) *Des frétillements talismaniques.*

Lorsque, après de longues tergiversations, le Golfeur a enfin choisi son club, il l'abaisse délicatement derrière sa balle et, au lieu de la frapper immédiatement d'un geste vif, se livre à de petits trémoussements engageant notamment la partie la plus charnue de son individu.

Ceux-ci, d'après le Dr Zcratch, sont censés lui apporter l'indulgence des puissances tutélaires et par la même occasion une réussite hors pair sur son prochain drive slicé.

c) *Des objets fétiches.*

Comme nous l'avons déjà mentionné, le Golfeur emporte avec lui sur un parcours quantité d'objets qui doivent l'aider dans sa quête d'un handicap à la mesure de ses aspirations. Les clubs et les balles sont bien sûr d'une utilité incontestable, mais différents objets de pacotille viennent aussi prendre place dans sa panoplie, qui ne sont pas forcément indispensables à la pratique du golf et auxquels leur possesseur semble attribuer des pouvoirs surnaturels. Il rejoint en cela les peuplades primitives de Madagascar, qui ne se déplacent jamais sans emporter toutes sortes d'amulettes constituées par des boîtes et des sachets pleins de substances hétéroclites. La plus puissante est le « tamango », corne de bœuf ornée de perles.

Substances se trouvant dans le « tamango » de Madagascar	Objets se trouvant dans le sac du Golfeur et constituant son gri-gri.
- riz - os - peau - cadavres d'insectes - divers ingrédients répugnants que la bienséance nous interdit de détailler.	- barre chocolatée - relève-pitch - brosse à nettoyer les clubs - tees de couleurs variées - compte-points en plastique - brins d'herbe arrachés - boue séchée.

Cette rapide comparaison montre à l'évidence à quel point les schémas mentaux du primitif et ceux du Golfeur, orgueil de nos sociétés civilisées, peuvent se rejoindre.

d) *Des apparitions surnaturelles.*

Il arrive qu'un sujet particulièrement doué soit capable de faire disparaître et réapparaître sa balle à volonté : une balle perdue dans un épais fourré (rapportant de ce fait 2 points de pénalité à son expéditeur) peut comme par magie surgir derrière un arbre situé à 10 m. Ce genre de phénomène encore inexpliqué touche généralement les joueurs médiocres. Ceux-ci semblent en effet bénéficier de relations tout à fait privilégiées avec les puissances occultes.

CHAPITRE V

ALIMENTATION

ET SANTÉ

LE GOLFEUR À TABLE

D'aucuns affirment que le golf est une activité de tout repos, brûlant un nombre réduit de calories, bref une tranquille promenade dans la nature, accessible aussi bien aux jeunes enfants qu'aux personnes âgées.

Il serait plus honnête de constater que la pratique du golf nécessite diverses performances physiques qui laissent l'adepte des greens haletant et éreinté :

— 6 km au pas de charge avec 13 kg de matériel sur l'épaule,
— nombreux choix de clubs, ce qui suppose l'extraction et le rangement de plusieurs d'entre eux à chaque halte (90 coups en moyenne × 3 clubs — selon la détermination du sujet et son habileté à extraire celui qu'il a choisi — × 400 g environ le club = 180 kg !),
— exécution de multiples swings,
— pose de la balle sur le tee de départ et récupération de celle-ci dans le trou d'arrivée, c'est-à-dire force mouvements exténuants vers le bas,
— accroupissements répétés sur les greens pour juger des pentes,
— fouille minutieuse des fourrés dans le périmètre d'une balle perdue,
— diverses activités horticoles prodiguées aux greens,
— ratissage des bunkers, particulièrement épuisant pour le joueur médiocre (poids du râteau : 1,479 kg),
— trépignements variés, hurlements et bris de clubs.

Ces quelques exemples témoignent, si besoin était, que le golf n'est pas véritablement à classer parmi les sports à coût énergétique réduit. Si, théoriquement, le Golfeur brûle entre 150 et 300 calories à l'heure, il en brûle encore un nombre équivalent à fulminer, sans parler de la force herculéenne déployée par intermittence pour tenter de saccager un matériel finalement assez résistant.

Ces efforts violents et répétés laissent le malheureux joueur moralement et physiquement brisé (souvent bien davantage que ses clubs). Il n'a plus alors qu'à se traîner jusqu'au dix-neuvième trou (le club-house) pour y absorber quelques breuvages souvent alcoolisés, suivis le cas échéant d'un solide repas.

Ainsi, si le Golfeur moyen a besoin de 3 000 à 4 000 calories par jour, le Golfeur rageur devra prévoir des rations nettement plus copieuses afin de conserver assez de forces pour manifester convenablement son mécontentement.

Dans l'espoir de réaliser une magnifique performance matinale, le Golfeur soignera tout particulièrement son petit déjeuner : au lieu d'avaler un thé ou un café sur le bord d'une table, comme d'habitude, il fera l'effort de prendre un repas équilibré et énergétique.

Petit déjeuner du Golfeur placide :	*Petit déjeuner du Golfeur râleur :*
- orange fraîchement pressée - bol de thé ou café - biscottes et miel - fromage à pâte cuite	- céréales arrosées de lait - bol de thé ou café - pain complet et confiture - tranche de viande froide avec un cornichon, accompagnée d'une feuille de salade et d'une tomate
Sur le parcours...	
- raisins secs - 1/4 l d'eau	- pâtes de fruits - 1 l d'eau - un paquet de biscuits

Un des moments préférés du Golfeur est la pause traditionnelle au bar et/ou au restaurant du club-house. Des repas équilibrés et à des prix abordables y sont servis dans une atmosphère propice aux confidences golfiques. Quoiqu'on y mange fort bien et sans se ruiner, le principal attrait de ce genre d'endroit est qu'on n'y rencontre que des Golfeurs. La conscience de groupe est en effet tellement développée chez les joueurs de golf qu'il serait présomptueux pour un être humain ordinaire de s'immiscer dans leur repaire : dans un club-house, le ridicule tue.

L'été, lorsque le Golfeur est en villégiature, le restaurant de son club est un havre de paix. Pas de touristes braillards, aux airs populaciers, comme ceux que ces êtres raffinés sont contraints de

POUR SE RESTAURER

Les Golfeurs ont un solide coup de fourchette mais le palais délicat. On les trouvera généralement dans :

1) tous les restaurants des club-houses — le fin du fin étant d'être vu, une fourchette à la main, à Saint-Cloud où La Boulie,

2) tous les (très bons) restaurants situés à proximité d'un golf,

3) les établissements qui suivent, ayant eux aussi les faveurs de la gent golfique.

Hors Limite
9, rue Danton
75006 Paris
(1) 43 26 56 80

Avec vidéo-golfs.

La Gauloise
59, avenue de La Motte-Picquet
75015 Paris
(1) 47 34 11 64

Puzzle
15, rue Princesse
75006 Paris
(1) 46 34 55 80

Le Club-House
24, rue Anatole-France
92300 Levallois-Perret
(1) 47 58 50 14

Chapman
25, rue Louis-le-Grand
75002 Paris

Chez Pablo
5, rue Mademoiselle-Etchetto
64500 Saint-Jean-de-Luz
59 26 37 81
Restaurant de pêcheurs avec toiles cirées qu'affectionne une clientèle chic de retour du golf. Pour les angoulas l'hiver et le chipiron à l'encre l'été.

Hôtel de Chantaco
Route d'Ascain
64500 Saint-Jean-de-Luz
59 26 14 76

La Chaumière
4, rue Édith-Cavell
64200 Biarritz
59 03 48 46

côtoyer si par mégarde ils s'aventurent dans les restaurants à la mode. Ceux-ci ne sont d'ailleurs pas tous sans intérêt. Certains d'entre eux accueillent en priorité une forte population golfique dont l'élégance et la distinction sont la fierté, l'honneur et l'avantage de leur établissement. Ces restaurants sont généralement situés non loin des parcours et offrent à leurs clients des créations originales et subtiles de haute qualité culinaire, capables de flatter leur palais délicat.

Les habitudes alimentaires du Golfeur varient sensiblement selon qu'il se trouve en période de compétition et dans la saine et chaleureuse atmosphère du restaurant de son club, ou surchargé de travail et alternant déjeuners d'affaires et restaurant d'entreprise. Dans le premier cas, il comptera soigneusement ses calories, n'absorbant que des produits sains, énergétiques, équilibrés. Dans le second, il n'aura aucun souvenir, le soir, de ce qu'il aura bien pu ingurgiter dans la journée.

Le régime alimentaire type du Golfeur est décidément bien difficile à définir, comme le prouvent les exemples qui suivent.

Quelques aliments régulièrement absorbés par le Golfeur	
au restaurant du club	au restaurant d'entreprise
• fruits fraîchement et expressément pressés devant lui • légumes frais • poissons fumés • viandes grillées • eau minérale • fromage à pâte cuite • salade de fruits	• boisson gazeuse sucrée au cola • pizza • cassoulet • bœuf miroton • vin rouge • millefeuille • mousse au chocolat

Malgré ces petits écarts de régime, le Golfeur jouit d'une bonne constitution qui lui permet de continuer à pratiquer son sport favori sans faire le moindre footing, pas d'abdominaux, aucune musculation. Il n'existe d'ailleurs aucun poids limite à la pratique du golf.

LES PETITES MISÈRES DU GOLFEUR

S'il digère sans trop d'aigreurs — le stress emmagasiné au bureau est vite chassé par les frustrations collectionnées sur le parcours —, le Golfeur, quoiqu'une force de la nature, est néanmoins victime de quelques affections bénignes liées à la pratique délicate voire dangereuse de son occupation préférée. En effet, si le golf, contrairement aux idées reçues, n'est pas un sport de tout repos, il n'est pas non plus exempt de dangers. Le plus grave étant purement et simplement la mort ! Le cas s'est présenté de nombreuses fois et a fait le tour de tous les club-houses, dégoûtant certains amis des bêtes de persévérer dans une activité aussi cruellement sanguinaire : maints Golfeurs néophytes et assassins ont en effet proprement liquidé, d'une balle vaillamment expédiée, un tranquille ovidé qui broutait à quelque distance.

Fort heureusement, les humains ont su éviter pareil trépas (ce qui est finalement surprenant quand on sait qu'une balle de golf peut être projetée à 220 km/h et traverser alors une tôle de 5 mm placée à 3 m). Mais ils ne peuvent toujours éviter la balle, la rencontre se faisant généralement au niveau des yeux et résultant en traumatismes oculaires et/ou bris de lunettes avec ecchymoses.

Si la balle est un projectile parfois meurtrier, le club n'a rien à lui envier. Gracieusement lancé à la manière du javelot par un Golfeur acariâtre, il peut facilement faire mouche à moins de 10 m. Dans son utilisation habituelle, il assommera aisément un adversaire placé dans le dos de l'exécuteur du swing. Ce dernier doit également se méfier : cervicalgie, dorsalgie ou lombalgie le guettent, surtout s'il répète consciencieusement de mauvais gestes. La déchirure d'un muscle intercostal, une tendinite au niveau de l'épaule voire l'épicondylite du coude gauche sont de douloureuses affections que le Golfeur en bonne santé méprise courageusement. Et si un jour, par respect pour son épaule, son médecin l'implore d'arrêter la pratique du golf, il choisira plutôt une intervention chirurgicale qui lui permettra de connaître ensuite les plaisirs de l'entorse aiguë disco-ligamentaire, survenant lorsque le club heurte violemment le sol au lieu de la balle.

Mais ces petits divertissements finalement assez rares ne sont rien à côté de la rhizarthrose du pouce, des callosités dans les mains et des cors aux pieds qui guettent *tous* les Golfeurs !

Affrontant ces périls avec audace, le Golfeur regagnera le club-house triomphalement. Certes fourbu et déçu de son score, comme à son habitude, mais physiologiquement apte à repartir à la première occasion.

En règle générale, on peut dire d'un Golfeur qu'il est en bonne santé dès lors qu'il joue au golf. Privé de sa raison d'être, il perd toute gaieté, pâlit, s'étiole et se met à geindre. Si le manque se prolonge, il sombre dans une profonde dépression : tête basse, œil terne, épaules tombantes, genoux flasques, il n'est plus que l'ombre de lui-même. Ces troubles neurasthéniques disparaissent si l'on replace le sujet dans un environnement golfique avec son équipement. On le retrouve alors tel qu'en lui-même : l'air conquérant, la poitrine bombée, le jarret ferme...

COÛT ÉNERGÉTIQUE DES PRINCIPAUX SPORTS

De 150 à 300 calories de l'heure :
— descente de ski,
— planche à voile,
— volley-ball,
— golf,
— deltaplane.
De 300 à 450 calories de l'heure :
— badminton,
— marche rapide,
— tennis,
— cyclisme,
— natation.
De 450 à 600 calories de l'heure :
— aviron,
— boxe,
— escrime,
— handball,
— ski de fond,
— basket-ball,
— course à pied,
— football,
— rugby.
Plus de 600 calories de l'heure :
— course de fond,
— marathon,
— lutte,
— natation (course).

Cette privation cruelle ayant des conséquences graves sur son métabolisme et son psychisme, il est par conséquent vivement déconseillé aux personnes de son entourage d'empêcher un Golfeur de golfer, **pour quelque raison que ce soit**.

CHAPITRE VI

HABITAT

HOME, SWEET HOME

Les êtres vivants ont à peu près tous un gîte. C'est particulièrement vrai des vertébrés supérieurs et encore plus vrai du Golfeur, orgueil de nos sociétés béatement matérialistes.

L'espèce étant présente sur l'ensemble de la planète, on trouve par conséquent une infinité de logements golfiques différant sensiblement selon les latitudes, les climats et les moyens financiers de leur occupant. Mais habiter un manoir, une villa ou un appartement est d'une importance toute relative dans l'esprit du Golfeur.

Pour lui, son habitation doit répondre impérativement à trois critères :
— être cossue, c'est-à-dire dénoter aisance et distinction,
— lui permettre de se rendre dans les meilleurs délais à son club,
— pouvoir se substituer à son club quand les impératifs de la vie familiale le forcent à rester chez lui.

Examinons d'abord les principales caractéristiques de la demeure du Golfeur. Généralement de bonnes proportions, elle offre toutes les garanties de confort et d'isolation. Convenablement chauffée l'hiver et suffisamment fraîche l'été, elle se trouvera dans un bâtiment bien ventilé et sans humidité. Le sol sera recouvert d'un parquet ciré et d'épais tapis, ou d'une moquette moelleuse et d'épais tapis, tapis qui, à l'occasion, se retrouveront sur les murs (le Golfeur, émotif et délicat, aime les atmosphères feutrées qui lui permettent de s'abstraire et d'oublier les pétarades et vociférations du monde extérieur). Des tableaux de maîtres et des meubles de style témoigneront du bon goût et de l'opulence de l'occupant des lieux, souvent sensible au style anglais, confortable et traditionnel.

Vivement préoccupé de l'opinion de ses amis, ses voisins, sa concierge et son boucher, le Golfeur appréciera d'habiter un quartier bourgeois, même s'il est malcommode pour son travail. L'esprit grégaire de la gent golfique étant largement développé, on remarque une forte concentration de ces individus dans les mêmes quartiers ou banlieues des grandes villes, généralement réputés pour leur calme, leur élégance et leurs prix élevés.

Quoique fort content de son habitation, que beaucoup lui envieraient s'ils avaient la chance d'y être invités (le Golfeur aime se calfeutrer et ressent désagréablement les intrusions), il possède souvent une résidence secondaire, située à proximité d'un golf, qui lui permet de varier au mieux ses plaisirs et reflète de la même façon le sens esthétique du maître de céans.

Habiter près d'un golf, voire en bordure d'un golf, voire ouvrir ses fenêtres sur un green est le rêve de tout Golfeur digne de ce nom. Et ils sont de plus en plus nombreux à envisager de s'offrir ce rare privilège, non seulement pour les week-ends mais pour toute l'année. Un élégant cottage à Bussy-Saint-Georges situé en bordure de 50 ha de nature et de verdure, un appartement avec

vue sur le parcours de Vaugouard ou un pavillon spacieux ouvrant sur le golf de Marolles devraient satisfaire le goût du Golfeur parisien pour un environnement calme et verdoyant, mais parsemé de drapeaux, et pour un certain standing. (Et puisque, hélas ! les somptueuses villas qui bordent le golf de Saint-Nom sont déjà occupées... Peut-être un peu chères, non ?)

Luxe, calme, volupté de fouler gaillardement le frais gazon sans avoir auparavant fait d'interminables kilomètres en voiture, satisfaction d'habiter un site d'exception environné aussi de tennis, piscines, clubs d'équitation... : l'image que se fait le Golfeur du Paradis n'est pas très éloignée de ce tableau idyllique même s'il doit, pour se rendre au bureau en semaine, endurer une heure de voiture dans les bouchons, ou une heure de R.E.R. et métro dans une promiscuité répugnante.

Le prêt à golfer chez soi

Il est décidément fâcheux que la plupart des Golfeurs doivent travailler pour vivre alors qu'ils ne vivent que pour golfer.

Pour les malchanceux qui n'ont pas le bonheur d'avoir un golf sous leurs fenêtres, le processus est inverse : ils se rendent au bureau en un laps de temps raisonnable, mais connaissent quelques désagréments dès potron-minet sur l'autoroute s'ils désirent profiter du week-end pour taper dans la balle. Cette seconde éventualité est nettement plus douloureuse pour le Golfeur qui, en ce cas, non seulement n'a pas le loisir de se remettre tranquillement au bureau de ses contrariétés routières, mais arrive sur le premier tee dans un état d'exaspération tel que ses balles flirtent dangereusement avec le hors-limites.

Afin de conserver un calme relatif par égard pour son entourage, ce type de Golfeur daignera atténuer ses diverses frustrations en pratiquant à l'occasion son activité préférée dans le périmètre chaleureux quoique exigu de son appartement. Une moquette vert gazon à poils ras et une grande psyché s'orientant aisément lui donneront l'illusion (certes toute provisoire) d'être dans son élément. Ayant retiré, sur les conseils réitérés de son épouse, les vases en porcelaine de Chine et les chandeliers en argent, il pourra répéter son swing sous son propre regard insistant et admiratif : bonne position par rapport à la balle, magnifique écartement des pieds, superbe rotation des épaules, le plus dur étant tout de même de ne jamais frapper la balle. Sauf au putting, où l'infortuné frustré se verra contraint de faire le tour de son salon à petits pas, courbant l'échine, pour envoyer sa balle dans un pot à la manière des joueurs de croquet.

Ces divertissements n'ayant qu'un temps, il finira pas s'offrir un grand filet d'entraînement (Pract'home, Duranet...) qui lui permettra de se défouler de façon plus satisfaisante en envoyant réellement la balle. (La famille et la domesticité du Golfeur font généralement montre d'une exceptionnelle force d'âme.)

Lorsque la balle aura atterri quelques milliers de fois dans le filet, il sera temps d'essayer le Truswing de Peter Fleming, petit tapis de practice avec un appareillage analysant le plan de swing, ou le practice d'intérieur de chez Golf Season avec socle lesté et potence réglable (pour la balle).

Il existe de toute façon de nombreux artifices permettant au Golfeur contraint de rester chez lui d'oublier passagèrement son infortune et de parfaire sa frappe à l'abri des regards indiscrets, ce qui peut être fort appréciable. (La famille et la domesticité du Golfeur font généralement montre d'une exceptionnelle discrétion teintée d'un vague mépris.)

Si le Golfeur a la chance d'avoir un grand jardin, il y installera tout naturellement un green — synthétique — « sur lequel la balle pitche comme sur un vrai ! » (Golden Green). Pourtant, l'idéal serait non un green synthétique mais un vrai de vrai, avec un doux gazon fin, dru, bien lisse ; et pas seulement un green, mais tout un parcours de neuf, voire dix-huit trous ! Hélas ! cette vision enchanteresse est à classer dans la rubrique « irréalisables » : le Golfeur, quoique fort aisé, n'a pas toujours sous la main un milliard de centimes pour se faire construire son propre golf, comme Robert Hersant, Olivier Dassault ou Hassan II du Maroc.

UN INTÉRIEUR TRÈS « CLUB »

Pour se consoler et pouvoir tout de même briller aux yeux de ses relations, le Golfeur aura soin de parsemer son intérieur de quelques indices faisant clairement allusion à son activité de prédilection. Il trouvera sur le marché une multitude de produits variés qu'il devra se retenir d'acheter : sa famille et ses amis s'en chargeront. Ses petites babioles (payées souvent très cher) agrémenteront son logis et lui rappelleront la douce et toujours chaleureuse atmosphère de son club-house.

Étant une personne de goût, le Golfeur se gardera d'amonceler chez lui tous ces colifichets, sous peine de voir sa demeure perdre son caractère aristocratique, et préférera faire état de sa passion sans en faire étalage.

Quelques indices à disposer chez soi avec parcimonie :

1) *dans l'entrée* :
— un paillasson avec impression de parcours (La Gadgetière) serait tout à fait approprié pour s'essuyer les pieds. Le Golfeur aurait ainsi l'impression de fouler, l'espace de quelques secondes, l'herbe drue et sauvage des roughs ;
— pour accrocher ses effets, un portemanteau vert de green avec deux patères en forme de balle (Pyramide) ;
— un cendrier négligemment posé sur un meuble (il en existe des dizaines avec des décors golf) rappellerait aux fumeurs le goût du maître de maison pour un air pur et des espaces verdoyants ;
— pour déposer son parapluie, une coupelle en acajou ceinturée d'un fil d'acier et surmontée d'un fanion numéroté.

2) *dans la cuisine* :
— pour faire mijoter quelque fumet, le Golfeur aura plaisir à enfiler un tablier de cuisine sur lequel est imprimée en trompe l'œil une panoplie complète avec sac de clubs sur l'épaule. Sans oublier la visière assortie, contre les projections de graisse (Forestier) ;

— dans les placards trôneront quelques chopes et de la vaisselle en fine porcelaine, blanc et vert gazon, avec Golfeurs en plein swing (Daniel Hechter, Star Case ou Le Golf Alliance). Pour prendre le thé, quoi de plus réjouissant pour l'œil qu'un service en faïence en forme de balles de golf avec des pieds dorés (Patrick Manoury) ?

3) *dans le salon* :
— à l'heure de l'apéritif, pour briser la glace, des glaçons en forme de balles de golf (Gamex) ;
— pour se lover voluptueusement, un canapé vert de green avec balles, tees, gants et fers imprimés (Thierry Charpentier) ;
— aux murs, quelques gravures anciennes ou humoristiques, ou des reproductions miniatures de clubs anciens encadrées ;
— la lumière sera adoucie grâce à un lampadaire halogène en forme de drapeau, une balle sagement immobile sur le socle vert (« Jamois » chez Roche-Bobois).

4) *dans la chambre* :
— des draps à impressions golf, marine et vert par exemple, inciteront le Golfeur éreinté par une journée de compétition à prendre un repos bien mérité tout en continuant à rêver de trous en un ;
— au petit matin il enfilera, réjoui, un peignoir avec impressions clubs (Affaird'hommes) ;
— un store panoramique, peint par Christian Colonnier, lui donnera l'illusion de surplomber le green du 16.

5) *dans la salle de bains* :
— des serviettes-éponges imprimées ainsi qu'un peignoir assorti de chez Descamps lui feront croire (provisoirement) qu'il participe au Trophée Lancôme ;
— la robinetterie du Golfeur ne représentera pas de cygnes mais des balles de golf en nickel mat et or (Cascades Harmonies) ;
— après sa toilette, il s'aspergera copieusement de fragrances boisées et toniques chargées de lui donner jusqu'au soir la nostalgie de son habituel tapis de verdure (Trophée Lancôme, Vétiver de Guerlain ou Eagle for Golf).

6) *dans le bureau* :
— les multiples cadeaux reçus chaque année pour Noël ou son anniversaire y trouveront naturellement leur place :
— un coupe-papier avec balle de golf en argent,
— pince-papier avec impression club,
— papier à lettres à décor « Saint Andrews Golf Club »,
— pot à crayons en forme de chariot,
— agenda golf.

Mode golf pour toute la famille. Lacoste.

Faire un cadeau à un Golfeur est décidément chose facile, non parce qu'il est plus aimable que le commun des mortels, mais parce que les fabricants de tout poil se sont découvert un intérêt substantiel pour cette délicieuse créature.

Si par malheur l'adepte des greens se trouve un jour immobilisé chez lui par les éléments déchaînés, une grippe tenace ou une jambe dans le plâtre, il prendra plaisir à faire un ou plusieurs parcours devant un bon feu de cheminée grâce aux multiples jeux de société disponibles sur le marché (la famille et la domesticité du Golfeur font généralement montre d'une exceptionnelle complaisance). A l'aide de quelques cartes, dés, drapeaux, carnets de score, réglettes pour déplacer les balles, il révisera ses connaissances et peaufinera sa stratégie (Ultimate Golf, Green Fee, Fore, Golfway...).

S'il prend très au sérieux ces activités, il lui arrive pourtant régulièrement d'être battu par quelque ignare peu au fait des subtilités golfiques. La frustration n'en est alors que ravivée. Qu'à cela ne tienne. Pour s'exercer à une impassibilité stoïcienne et tremper son caractère, il peut encore reconstituer un puzzle représentant des dizaines de tees en vrac.

Lorsqu'il sera suffisamment éprouvé, il se relaxera en visionnant pour la énième fois d'un œil bovin « Handicap 007 » ou « Sept ans de Ford Classic », cassettes offertes par un membre de sa maisonnée n'ayant qu'un goût très modéré pour les plaisirs ludiques.

Contrairement aux apparences, les opulentes demeures abritant un ou plusieurs Golfeurs sont loin de respirer bonheur et sérénité. Des drames affreux s'y nouent, d'atroces privations y sont supportées avec héroïsme. « Mieux on joue au golf, plus la vie est difficile », affirme un dicton écossais.

CHAPITRE VII

MIGRATIONS

LE GOLF-TROTTER

Le Golfeur n'est pas un sédentaire. S'il reste trop longtemps chez lui, *a fortiori* en position assise, ses terminaisons nerveuses s'excitent, ses pupilles se dilatent et son pouls s'accélère. Dans son home, il ne rêve que d'aller à son club.
A son club, il fantasme sur les milliers de parcours qui parsèment la planète, n'attendant que d'être foulés par son pas conquérant. Connaissant peu ou prou toutes les embûches de son terrain habituel, le Golfeur n'est jamais aussi heureux que lorsqu'il a l'occasion de partir à la découverte d'espaces golfiques encore inexplorés.

Le moindre week-end est donc prétexte à de fructueuses investigations familiales. Un séminaire judicieusement organisé permettra aussi l'étude approfondie d'importants problèmes techniques tels que le putting par temps humide ou les longues sorties de bunkers. Quant aux vacances, elles seront l'occasion privilégiée de se rendre aux quatre coins de la planète, si possible dans un endroit encore peu fréquenté et à des tarifs prohibitifs. (Avant de choisir sa destination, le Golfeur, plutôt que d'évaluer le plaisir qu'il en retirera, pense toujours à la tête de X, Y ou Z lorsqu'il leur racontera par le menu ses pérégrinations.) Croisiéristes, voyagistes, clubs de vacances se mettent en quatre pour vanter les dix-huit trous les plus prestigieux, les plus exotiques, les plus lointains, et allécher les plus acharnés golf-trotters.

Par la route

Le Golfeur se révélant en ces occasions un extraordinaire meneur d'hommes, il n'est pas rare que toute la maisonnée se voie contrainte de s'initier dare-dare au maniement des clubs. Dans l'intérêt du couple, il est conseillé de ne pas s'insurger en ces délicates circonstances, et de faire son possible pour être à son tour contaminé par le virus. L'adepte des greens, en effet, met généralement un point d'honneur à diriger les mouvements stratégiques de toute sa famille. Cours accélérés et stages variés, le pli est pris : voilà le non-Golfeur menacé d'une métamorphose subite. Les adolescents se verront, par exemple, proposer un banal séjour dans un pays de langue anglaise et se découvriront un club à la main, étudiant le putt, le pitch, le drive slicé, comment éviter sockets et bogeys et tenter un birdie. Plusieurs organismes proposent en effet des séjours linguistiques doublés de stages de golf. Les destinations sont généralement européennes, mais il est nettement plus valorisant, pour le lycéen comme pour ses parents, de choisir des contrées inaccessibles telles que l'Australie. Pour le conjoint récalcitrant sont aussi prévus des cours d'anglais commercial astucieusement associés à plusieurs heures de golf par jour.

Si, profitant d'une éclaircie dans son planning, le Golfeur peut retrouver des espaces verdoyants en milieu de semaine — quitte, pour cela, à se faire transporter de Paris au golf de Vaugouard en hélicoptère —, il a également la possibilité de se rendre à des séminaires, colloques et autres conférences, naturellement tenus dans un château. Celui-ci devra évidemment être situé près d'un golf et posséder quelques commodités élémentaires telles que piscine, sauna, putting green et practice.

Le week-end, il se retrouvera à son club avec sa charmante famille pour mettre en pratique les nombreux conseils assénés en stage ou, pour plus de diversité, sur l'un des parcours délivrant encore des green-fees (tous les Golfeurs transhument vers les greens le samedi, mais n'apprécient aucunement les promiscuités).

Afin de se déplacer dans les meilleures conditions et ne pas déparer les élégants parkings des golfs où il se rend, le Golfeur sera dans l'agréable obligation de posséder une voiture spacieuse et confortable, aux proportions soigneusement étudiées pour lui permettre de loger, outre sa progéniture, les différents sacs et chariots nécessaires pour pratiquer correctement le jeu et asseoir le standing de la famille.

Le Golfeur, quoique exerçant une activité manuelle dans un cadre rural, est un être d'un raffinement et d'une urbanité tout à fait exquis. On le dit sportif, certes, mais il est surtout doté d'un sens esthétique amplement développé. Pour ses déplacements, point d'engin pétaradant et polluant, vieillot, au moteur mal réglé, à la tôle froissée, aux sièges fatigués. Le Golfeur refusera tant qu'il vivra d'être l'égal de ces millions d'individus qu'il doit croiser sur les routes : les automobilistes.

Sa voiture reflétera bien entendu le haut degré de civilisation et de savoir-vivre qu'il a su atteindre, et dont il se fait l'ardent défenseur auprès des masses hurlantes et klaxonnantes.

Portrait-robot de la voiture du Golfeur

1) *Chère. Très chère*

Cela ne lui pose pas de problème.

2) *Allure distinguée, voire originale, voire carrément du jamais vu*

Être d'exception, il ne peut posséder la voiture de Monsieur-tout-le-monde.

3) *Rapide*

Son temps est plus précieux que celui du commun des mortels.

4) *Silencieuse*

Évoluant habituellement dans une atmosphère feutrée, il a horreur des bruits de moteur.

5) *Nombreuses bouches d'aération pour maintenir une température constante*

Il est sensible aux courants d'air comme aux atmosphères surchauffées.

6) *Spacieuse*

Il choisira plutôt une berline haut de gamme ou une limousine. S'il est célibataire, il conduira un rutilant coupé ou une voiture de sport, à condition qu'il puisse y caser son attirail.

7) *Appuis lombaires avant réglables*

Le dos du Golfeur est plus fragile que celui de l'être humain ordinaire, à cause du swing qui l'oblige à se contorsionner et du putting qui le force à se pencher vers l'avant.

8) *Vitres teintées*

S'il adore examiner ses congénères sous toutes les coutures, il n'apprécie que modérément d'être dévisagé. De plus, ses yeux, soumis à rude épreuve sur les greens, peuvent se reposer dans une lumière filtrée.

9) *Appuie-tête avant et arrière*

Le Golfeur et sa famille réfléchissent beaucoup.

10) *Vitres avant électriques*

Il aime être obéi au doigt et à l'œil.

11) *Intérieur raffiné*

De préférence avec sièges en cuir et tableau de bord en ronce de noyer.

En gage de fidélité au mode de vie et aux traditions britanniques, le Golfeur conduira de préférence une Jaguar, une Rolls-Royce, une Bentley, une Daimler, une Rover dont la sobre élégance, en un mot la classe, ne prête pas à contestation.

S'il est séduit par la robustesse et la fiabilité germaniques, il s'offrira tout naturellement une Porsche, une BMW haut de gamme, une Mercedes série T ou, puisque son nom l'indique, une Golf GTI.

Une Ford Sierra avec hayon (pour chargement facile des clubs), une Opel Oméga, une R 25 ou une Peugeot 205 Green peuvent aussi s'avérer des choix excellents suivant les disponibilités de l'acheteur.

Une chose est sûre, l'adepte des greens est dans l'impossibilité matérielle de se déplacer en Mini. Et si quelque spécimen dénué de scrupules osait céder à cette envie et traîner derrière lui une remorque transportant ses clubs, il se ferait aussitôt vilipender pour non-respect de l'étiquette. Un Golfeur qui se respecte a l'obligation morale de considérer le luxe comme une nécessité.

La plupart du temps, le Golfeur utilisera son automobile lorsqu'il se rendra, l'espace d'un délicieux week-end, dans une luxueuse hostellerie proposée par exemple par la chaîne des Relais et Châteaux. L'Hôtel du Golf à Saint-Jean-de-Luz, le château de Montlédier, datant du XIIIe siècle, situé au cœur de la Montagne Noire, à 2 km d'un golf, ou l'hôtel Majestic à Cannes, offrant une chambre avec vue sur la mer et entrée au golf de Cannes-Mandelieu, seront des étapes extrêmement profitables pour l'amélioration de la technique du Golfeur et la sauvegarde de son prestige, souvent mis à mal dans le cadre étroit du bureau. S'il dispose d'une ou plusieurs semaines, et s'il désire partir avec un couple ami, la location d'un appartement en duplex, situé, cela va de soi, à proximité d'un golf, sera tout indiquée. Stages, green-fees, tennis, piscine feront partie du forfait.

Par les airs

Il existe de nombreuses destinations françaises qui devraient réjouir l'amateur de verdure piquetée de drapeaux numérotés dans un environnement haut de gamme. Hélas ! racontées aux amis, relations, concierge, boucher, elles présenteront moins d'attrait que les paradis ensoleillés situés à l'étranger (surtout l'hiver). Aussi l'adepte des greens se trouvera-t-il plus enclin à prendre l'avion vers des contrées susceptibles d'enflammer les imaginations.

• L'Espagne, patrie de Ballesteros, possède de nombreux terrains de golf dans des régions de grande beauté. Sur la Costa Blanca, son fief, le Golf Club de la Manga (le plus grand d'Espagne), allie le jaune acide des citronniers au bleu azuréen des eaux méditerranéennes.

Quant à la Costa del Sol, c'est une telle mine pour les Golfeurs qu'on l'appelle maintenant la Costa del Golf : Marbella, Guadalmina, Atalaya, Los Monteros, Rio Real proposent près d'une centaine de kilomètres de fairways. Nueva Andalucia est un petit bijou avec ses deux parcours construits par l'architecte américain Robert Trent-Jones, dont l'un, Las Brisas, touche à la perfection. Surplombé par la chaîne de montagnes de la Sierra Bianca, il se déploie dans une vallée où ondule une petite rivière et se pare d'obstacles d'eau en cascades agrémentés de parois en marbre blanc. (Indépendamment de la difficulté et de l'intérêt du jeu sur ce parcours, ce genre de détail sera bien sûr mis en exergue par le golf-trotter.)

Plus au sud, Sotogrande, dont l'ensemble golfique compte quarante-cinq trous, possède le parcours le plus ancien et le plus prestigieux de toute cette région. C'est aussi le mieux défendu : y jouer est un véritable challenge. Le Golfeur modeste se consolera en détaillant les chênes-lièges qui bordent les fairways et en admirant, du club-house situé en bord de mer, le rocher de Gibraltar et les côtes de l'Afrique.

• Au Portugal, le Golfeur trouvera également le soleil hivernal qui fera pâlir d'envie ses relations. S'il choisit la région de Lisbonne, surnommée « terre des deux printemps » parce que les fleurs y fleurissent deux fois, il aura l'avantage de partir à la recherche de sa balle sous les eucalyptus et les mimosas. Autre région golfique, l'Algarve, dont les deux parcours de Penina furent dessinés par l'ancien champion Henry Cotton. Détail intéressant : un luxueux cinq étoiles de 214 chambres se trouve à proximité.

• L'Italie offrant quelque 70 parcours pour guère plus de 20 000 licenciés, le joueur frustré, stressé, déconcerté par l'agitation et la confusion qui sont le lot de certains clubs de la région parisienne, y découvrira un havre de paix. Près de Rome, le plus ancien golf d'Italie, Acquasanta, date de 1903. Les imposants vestiges de la via Appia qui bordent le parcours inciteront le Golfeur maladroit à réfléchir un instant sur la vanité des grandeurs humaines et l'insignifiance du swing parfait.

Quittant la péninsule pour la Sardaigne, il découvrira Pevero, son club-house luxueux et son parcours tourmenté, entrecoupé de précipices et de criques, offrant des points de vue magnifiques sur la mer. On dit que c'est l'un des plus beaux golfs du monde. De retour chez lui, le Golfeur ne pourra que se ranger à cet avis. Au pied de l'hôtel Is Morus, le célèbre Golf Club d'Is Molas accueille l'Open d'Italie (c'est une référence). Très vaste club-house avec sauna et piscine, d'où l'on domine tout le parcours, plages de sable fin à proximité, le Golfeur pourra se remettre agréablement d'avoir tenté de maîtriser 6 383 m souvent balayés par un vent tourbillonnant.

• Ayant traversé la Méditerranée, le golf-trotter se posera au Maroc, afin de frapper sa balle sur le royal et prestigieux parcours de Dar es-Salam, près de Rabat. Environné d'eau, avec des greens et des bunkers démesurés, ombragé d'eucalyptus, de chênes-lièges, d'orangers, de citronniers, il foisonne d'oiseaux. Idéal pour oublier sa technique approximative et ses habituelles frustrations, et faire — pour une fois ! — une éblouissante promenade dans un jardin de rêve.

• Si la nature apaise ses angoisses, le Golfeur éprouvera un grand soulagement à améliorer son jeu dans un cadre exceptionnel peuplé d'une faune étonnante : golfer au Kenya entre des plages de sable blanc et des réserves d'animaux sauvages, voici une évocation qui fera à coup sûr saliver d'envie ses camarades de club.

• Les luxuriantes forêts vierges et les immenses savanes de la Côte d'Ivoire seront également un décor à la mesure de ses ambitions. L'Ivoire Golf Club d'Abidjan lui proposera, outre un parcours verdoyant, un magnifique club-house comprenant deux immenses piscines, un billard, un squash... (Le Golfeur, en Afrique ou ailleurs, n'a aucunement l'intention d'abandonner son mode de vie habituel et de se familiariser avec les coutumes locales.)

• Adorant relater, lorsqu'il est de retour à son club, de lointaines expéditions dans lesquelles personne avant lui ne s'est lancé (du moins dans le cercle de ses relations), il n'a que l'embarras du choix : les destinations aptes à enflammer les imaginations les plus sages abondent sur la Terre entière.

Il y aurait, en Floride, des alligators dans les obstacles d'eau ? Le golf-trotter se rendra dans quelques-uns des 700 golfs que compte cet État et vérifiera, par exemple à Alden Pine Golf Course situé sur une île, qu'il y a, également, des flamants roses et des pélicans. Au passage, il fera un petit saut jusqu'à Augusta, en Géorgie, afin de s'assurer, *de visu* et *in situ*, que les quatre derniers trous du parcours qui accueille le Masters chaque année sont bien les plus difficiles du monde. (Cela lui permettra également de briller plus que de coutume lorsque la télévision retransmettra l'épreuve.)

• Un séjour golfique aux Caraïbes, où le plaisir de jouer sur des parcours de rêve bordés de flamboyants, de cocotiers, de côtes déchiquetées se complète de pêche au gros, plongée sous-marine, tennis, équitation, polo, voilà de quoi redonner un moral de vainqueur au Golfeur stressé par la vie urbaine, déprimé par la Bourse, ratatiné par la faiblesse de son swing. Il choisira (selon son tempérament et l'élasticité de son estomac) des croisières ou des sauts de puce en avion d'île en île (c'est-à-dire de golf en golf), ou bien un séjour prolongé dans une villa de luxe de Casa de Campo par exemple, sur la côte sud-est de Saint-Domingue. Là, il pourra se frotter aux deux célèbres trous de championnat tracés par Pete Dye : « The Links » et « The Teeth of the Dog » (Los cajuiles, autrement dit les dents du chien), où les balles frôlent des à-pics et risquent à tout moment d'être dévorées par une mer d'azur. (C'est quand même autre chose que le practice de Trifouilly-les-Oies !)

• S'il se rend en Thaïlande, le Golfeur aura non seulement l'opportunité de jouer sur de superbes terrains (tel le Nawatanee Golf Course, dessiné par Trent-Jones), mais aussi l'infinie satisfaction de séjourner dans un palace mettant à sa disposition une voiture avec chauffeur. Pourtant, un des principaux attraits de ce charmant pays est que les caddies sont des femmes. Voilà du moins de quoi capter convenablement l'attention de joueurs plus casaniers, au cours de discussions passionnées sous les lambris du club-house.

• Pour les esprits novateurs, le chic du chic sera d'aller golfer en Chine. Cette occupation bourgeoise y ayant été interdite pendant quarante ans, et le premier terrain n'y ayant été inauguré qu'en 1984, le Golfeur pouvant se targuer de connaître les particularités des grands parcours chinois bénéficiera à coup sûr de l'estime de ses congénères, ce qui, en soi, est un véritable tour de force.

Pourtant, après être allé golfer aux quatre coins du monde, en Égypte au pied des pyramides, à Dubaï sur le dix-huit trous du cheik Al-Maktoum construit en plein désert, à Bali, en Inde, au Mexique, en Autriche sur le lac gelé de Weissensee ou Seefeld, l'un des parcours les plus spectaculaires d'Europe, le golf-trotter, revenu de tout, s'apercevra avec amertume qu'il a négligé le plus important : Saint Andrews, berceau d'une tradition si chère à son cœur, véritable sanctuaire !

Se devant de partir en pèlerinage dans cet endroit mythique pour être officiellement estampillé Golfeur devant l'Éternel, il aura soin de s'approcher du lieu sacré avec tout le recueillement qui convient. Une première étape à Muirfield s'imposera donc : c'est là que ses ancêtres écossais édictèrent, en 1744, les premières règles du jeu, complétées et codifiées dix ans plus tard à Saint Andrews.

• Muirfield, considéré comme l'un des endroits les plus élégants du Firth of Forth, accueille le British Open tous les sept ans environ. Malgré des fairways relativement plats et l'absence d'arbres, malgré la vue dégagée qui permet aussitôt de repérer les pièges, c'est un parcours extrêmement difficile : rafales de vent fréquentes, roughs redoutables, 165 bunkers tellement profonds et abrupts qu'il faut parfois en ressortir par l'arrière... Le dernier trou, réputé dans le monde entier, exige non seulement une technique irréprochable, mais aussi beaucoup d'audace.

Le visiteur, pour surmonter son émoi, aura tôt fait de se conformer à la coutume locale : jouer dix-huit trous, s'habiller pour le déjeuner et repartir jouer dix-huit trous.

• De Muirfield à Saint Andrews, il n'y a qu'un pas. Ou, plus exactement, quelques kilomètres aisément franchis. (A l'origine, les membres de l'Honourable Company of Edinburgh Golfers, basés à Muirfield, traversaient en bateau le Firth of Forth pour ensuite se rendre en fiacre à Saint Andrews.) Une fois dans sa vie, une fois au moins avant de rendre l'âme, le Golfeur laissera errer ses yeux embués par l'émotion sur les vertes étendues de l'Old Course de Saint Andrews, parcours qui date de plus de quatre cents ans et qui accueille régulièrement le British Open. Le Royal and Ancient Golf Club — faisant depuis autorité en matière de règles — n'a été fondé, quant à lui, qu'en 1754. Si les terrains de golf du monde entier ont dix-huit trous, c'est parce qu'à l'origine celui-ci en avait neuf, sur lesquels on jouait à l'aller et au retour. Très souvent balayé par les rafales de vent (il n'y a pas d'arbres), l'Old Course possède des greens immenses (le même green servant parfois pour deux trous) et des bunkers profonds et nombreux. La terreur qu'ils inspirent se traduit par quelques surnoms évocateurs : « Hell Bunker » (le Bunker infernal), « The Coffins » (les Cercueils), « The Principal's Nose » (le Nez du Principal) ou « The Valley of Sin » (la Vallée du Péché). Chaque trou a aussi un nom : « Burn » (d'après la rivière qui garde le green), « Ginger Beer » (Bière au Gingembre), « Short » (le Petit)...

Le Golfeur, paralysé par l'effroi, regrettera un instant que cet illustrissime parcours soit ouvert à tous. Ayant enfin atteint la Terre Promise du dix-huitième trou, il se retirera, fourbu et tremblant d'avoir subi cette ordalie, à l'hôtel Old Course ou à l'hôtel Rusacks Marine qui tous deux surplombent le golf et où, bien entendu, il sera descendu. Là, de sa fenêtre, parcourant du regard l'herbe grasse ondulant sous les bourrasques, il mettra sa vie à plat, la faisant épouser la plate étendue des fairways, gardés d'un côté par les rouleaux glacés de la mer du Nord et de l'autre par les tourelles grises de la petite ville universitaire.

Et pour la première fois de son existence,
il se sentira tout
petit.

PARTIR

Ces agences vous organiseront sans problème vos séjours golfiques à l'étranger.

Jet Tours
32, avenue de l'Opéra
75002 Paris
(1) 47 42 06 92/(1) 45 62 13 13

Voyages Gallia / Golf Autour du Monde
12, rue Auber
75009 Paris
(1) 42 66 07 24

P & A Limited
244, av. Aristide-Briand
93320 Pavillon-sous-Bois
(1) 48 50 01 98

Spécialiste de l'Écosse.

Club Méditerranée
2, place de la Bourse
75002 Paris
(1) 42 96 10 00

Destination Golf
8, rue Domat
75005 Paris
(1) 43 29 30 30

Donatello
33, bd de Latour-Maubourg
75007 Paris
(1) 47 05 62 49

Spécialiste de l'Italie.

Peter Fleming Golf Holiday
47, avenue George-V
75008 Paris
(1) 47 20 55 29

Spécialiste de l'Irlande et de la Grande-Bretagne.

Cara Voyages
47, avenue de l'Opéra
75002 Paris
(1) 47 42 10 64

Spécialiste de l'Irlande.

9/18 Voyages
87, avenue Niel
75017 Paris
(1) 42 67 76 50

Intermezzo Golf en Italie / CIAO Tours
17, rue du 4-Septembre
75002 Paris
(1) 42 96 89 34

Golf Green
Office national
du tourisme autrichien
47, avenue de l'Opéra
75002 Paris
(1) 47 42 78 57

Travia Golf Holidays
19, avenue Victor-Hugo
75016 Paris
(1) 45 01 79 20

Maeva
30, rue d'Orléans
92200 Neuilly
(1) 47 45 17 21

Pour louer en Bretagne un cottage en bordure d'un golf.

Voyages Center
55, boulevard Magenta
75010 Paris
(1) 42 39 32 48

République Tours
1, avenue de la République
75011 Paris
(1) 43 55 39 30

Golf Évasions
10, place de Bendern
78170 La Celle-Saint-Cloud
(1) 39 18 34 54

F.M. Sports et Langues
14, allée Frédéric-Chopin
78480 Verneuil
(1) 39 71 17 36

Les patrons adeptes des greens ou tout simplement désireux de changer d'air peuvent maintenant inviter leurs associés ou leurs clients à une escapade golfique dont ils se souviendront : rendez-vous à un héliport parisien, voyage en hélicoptère jusqu'au golf de Vaugouard ou des Bordes, parcours ou practice suivant le niveau des participants et déjeuner gastronomique. Le tout dans une atmosphère décontractée et avec la chaleureuse présence des fondateurs de la société, golfeurs devant l'Éternel :

Golf First
200, boulevard Saint-Denis
92400 Courbevoie
47 68 70 88

ORGANISATEURS DE STAGES DE GOLF POUR ENFANTS ET JUNIORS

FRANCE

Sport Élite Jeunes
3, rue Larochelle
75014 Paris
(1) 43 35 06 01

BVO Loudun
Golf de Saint-Hilaire
86120 Les Trois Moutiers
49 98 78 06

Centre Mer et Neige
50310 Quineville
33 21 42 36

UCPA
62, rue de la Glacière
75640 Paris Cedex 13
(1) 43 36 05 20

ÉTRANGER

Le Shamrock
28, rue Delambre
75014 Paris
(1) 43 35 51 59

Homestay
5, rue Boudreau
75009 Paris
(1) 42 65 50 40

Interséjour
4, rue de Parme
75009 Paris
(1) 48 74 04 98/42 80 09 38

Isye
PO Box 6
Lane End House
London Road
Leicester LE2 IZE England
533 703 351

Key Institute of Language
91, bd Soult
75012 Paris
(1) 43 44 74 32

English and Golfing
102, av. des Champs-Élysées
75008 Paris
(1) 47 45 16 90/46 40 05 74

Relais Universitaire
7, rue de Constantinople
75008 Paris
(1) 43 87 01 31

Cette liste ne constitue pas un agrément de la F.F.G.

STATISTIQUES 1988 SUR LA RÉPARTITION DES LICENCIÉS
PAR DÉPARTEMENT DE RÉSIDENCE

01	Ain	773	12	Aveyron	105
02	Aisne	588	13	Bouches-du-Rhône	2 559
03	Allier	724	14	Calvados	1 510
04	Alpes-de-Haute-Provence	71	15	Cantal	92
05	Hautes-Alpes	82	16	Charente	908
06	Alpes-Maritimes	3 498	17	Charente-Maritime	718
07	Ardèche	140	18	Cher	162
08	Ardennes	159	19	Corrèze	462
09	Ariège	169	20	Corse	25
10	Aube	211	21	Côte-d'Or	521
11	Aude	232	22	Côtes-du-Nord	779

23	Creuse	13
24	Dordogne	570
25	Doubs	505
26	Drôme	405
27	Eure	609
28	Eure-et-Loir	175
29	Finistère	1 013
30	Gard	814
31	Haute-Garonne	2 238
32	Gers	358
33	Gironde	4 671
34	Hérault	1 447
35	Ille-et-Vilaine	1 134
36	Indre	90
37	Indre-et-Loire	749
38	Isère	1 155
39	Jura	211
40	Landes	1 033
41	Loir-et-Cher	286
42	Loire	838
43	Haute-Loire	105
44	Loire-Atlantique	1 535
45	Loiret	1 157
46	Lot	174
47	Lot-et-Garonne	792
48	Lozère	15
49	Maine-et-Loire	749
50	Manche	1 041
51	Marne	785
52	Haute-Marne	85
53	Mayenne	154
54	Meurthe-et-Moselle	573
55	Meuse	117
56	Morbihan	494
57	Moselle	644
58	Nièvre	277
59	Nord	2 834
60	Oise	1 268
61	Orne	201
62	Pas-de-Calais	1 608
63	Puy-de-Dôme	755
64	Pyrénées-Atlantiques	8 515
65	Hautes-Pyrénées	550
66	Pyrénées-Orientales	611
67	Bas-Rhin	733
68	Haut-Rhin	467
69	Rhône	3 096
70	Haute-Saône	77
71	Saône-et-Loire	612
72	Sarthe	382
73	Savoie	779
74	Haute-Savoie	1 866
75	Paris 1er Arrond.	230
75	Paris 2e Arrond.	139
75	Paris 3e Arrond.	242
75	Paris 4e Arrond.	296
75	Paris 5e Arrond.	518
75	Paris 6e Arrond.	761
75	Paris 7e Arrond.	1 740
75	Paris 8e Arrond.	1 197
75	Paris 9e Arrond.	352
75	Paris 10e Arrond.	241
75	Paris 11e Arrond.	381
75	Paris 12e Arrond.	496
75	Paris 13e Arrond.	530
75	Paris 14e Arrond.	685
75	Paris 15e Arrond.	2 149
75	Paris 16e Arrond.	6 373
75	Paris 17e Arrond.	2 302
75	Paris 18e Arrond.	380
75	Paris 19e Arrond.	258
75	Paris 20e Arrond.	266
76	Seine-Maritime	1 934
77	Seine-et-Marne	1 798
78	Yvelines	7 380
79	Deux-Sèvres	529
80	Somme	590
81	Tarn	705
82	Tarn-et-Garonne	291
83	Var	1 211
84	Vaucluse	343
85	Vendée	337
86	Vienne	605
87	Haute-Vienne	567
88	Vosges	586
89	Yonne	146
90	Territoire de Belfort	76
91	Essonne	3 041
92	Hauts-de-Seine	10 558
93	Seine-Saint-Denis	824
94	Val-de-Marne	2 610
95	Val-d'Oise	1 662
97	DOM	1 058
98	TOM	1 269
99	Étranger	2 847

SOMMAIRE

Achevé d'imprimer en juin 1989
sur les presses de la Société des Imprimeries Maury
Z.I. Saint-Georges-de-Luzençon - 12102 Millau
pour le compte des Éditions Hermé
Relié par la SIRC - 10350 Marigny-le-Châtel
N° d'édition : 221 - N° d'impression : F89/14027 C
Dépôt légal : juin 1989
Imprimé en France